講談社文庫

師弟

野村克也｜宮本慎也

講談社

師弟

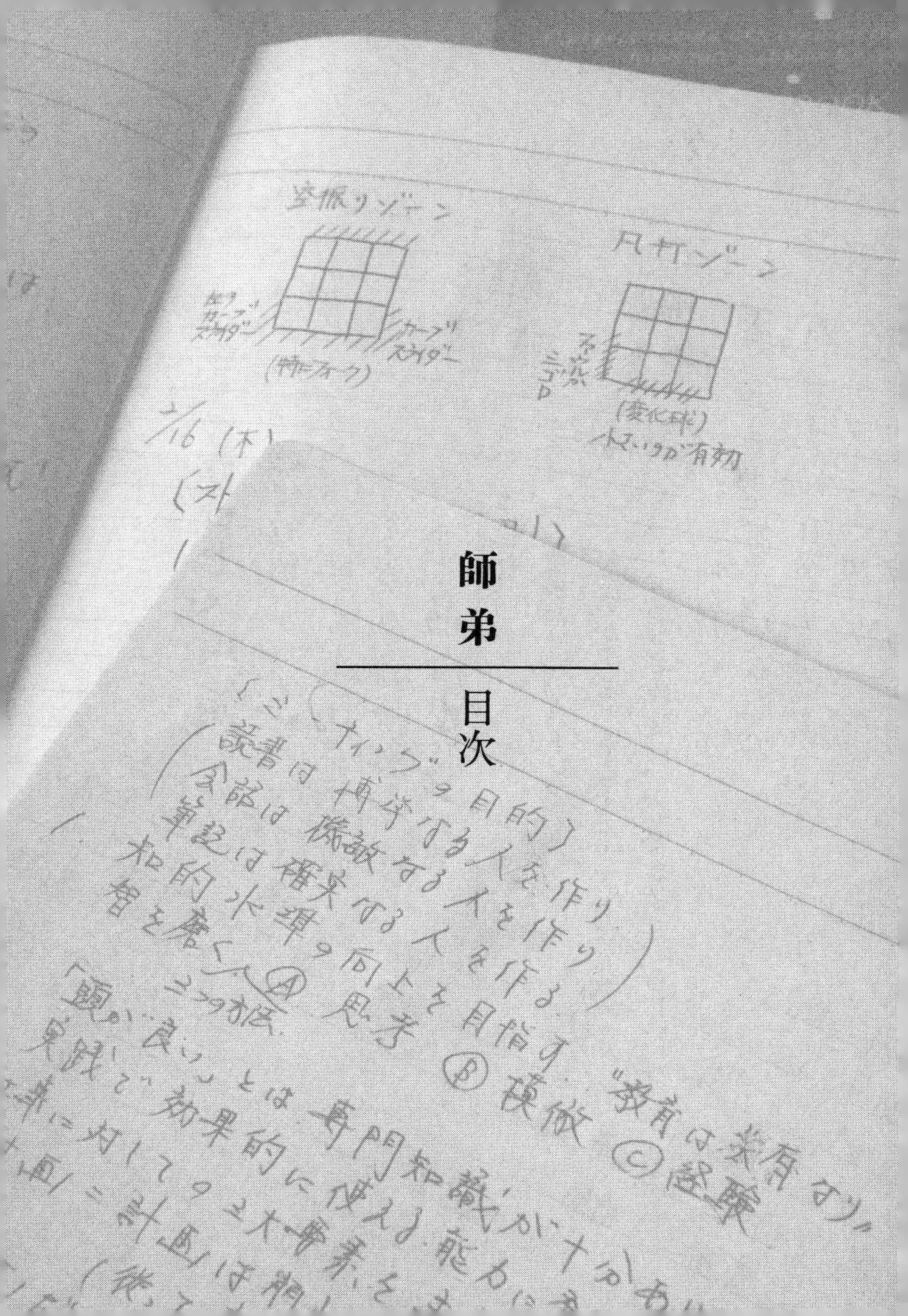

師弟

目次

第二章　頭脳は無限 53

第五章 弱者の兵法

第六章 組織

第七章 人心掌握術

第八章　一流とは

はじめに

宮本慎也

我が師、野村克也監督なら、どうしていただろう。そんな想像をせずにはいられませんでした。

厳密には「元監督」なのですが、僕にとっては、この呼び方が、今もいちばんしっくりするので、本書では「監督」で通させて欲しいと思います。

二〇一五年の日本シリーズ、パ・リーグ王者のソフトバンクは、僕が19年間お世話になったヤクルトを4勝1敗で退け、2年連続日本一に輝きました。ヤクルトが「よく一つ勝てたな」と思えるほど、ソフトバンクの強さは抜きん出ていました。

野村監督は、強さには「圧倒的な強さ」と「相対的な強さ」の2種類があると言います。ソフトバンクは、前者によって90勝49敗4引き分けという記録的な勝率でリーグ優勝をつかみ取りました。それに対し、ヤクルトは後者です。本命の巨人、対抗の阪神が力を発揮し切れず（正直、〝こけた〟という印象が強い）、厳しい言い方をすれば、たまたま14年振りのリーグ優勝が転がり込んできました。打線は活発でしたが、大黒柱と呼べるエースがいないなど、組織的にも優勝は出来すぎの結果だったと言っていいでしょう。

両チームの力量差は、歴然としていました。とはいえ、4戦先勝方式の日本シリーズ、つまり短期決戦ならば、勝機は必ずあると見ていました。ところがそのチャンスをほとんど見出せぬままヤクルトは敗れてしまいます。

ヤクルトは本当にノーチャンスだったのでしょうか。

ソフトバンクの有無を言わせぬ強さに感嘆しながらも、それを全面的に認めることには抵抗がありました。そう、それは僕が野村監督の教え子だったからです。

僕がヤクルトに入団したのは一九九五年です。その年、セ・リーグは「30億円補強」と言われた巨人の話題で持ちきりでした。

九三年に長嶋茂雄さんが巨人の監督として復帰し、ゴールデンルーキーの松井秀喜が巨人に入団。以降も話題に事欠きませんでした。豊富な資金力のもとに、広沢克己（現・克実）さん（九五年入団）、清原和博さん（九七年入団）、石井浩郎《ひろお》さん（同）といった各球団の4番打者を毎年のように引き抜き、超大型打線によって、失われた威光（九〇年の日本シリーズで、西武に4連敗）を取り戻そうと躍起になっていました。

一方、パ・リーグでは西武が森祇晶《まさあき》監督（一九八六〜九四年）のもと、9年間で8度のリーグ優勝、6度の日本一を達成し、黄金時代を築きました。ところが九四年にオリックスのイチロー選手が彗星のごとく現れ、シーズン200安打を達成し大ブレイクすると、徐々にオリックスが台頭し、パ・リーグは群雄割拠の時代に突入します。

野村監督がヤクルトの監督に就任されたのは、一九九〇年のこと。それまでは9年連続Bクラスというどん底にあえいでいました。僕が同志社大学2年生の頃で、当時のヤクルトは、いつも「最下位争い」していたような印象があります。

ところが野村監督の就任3年目となった九二年、ヤクルトは14年振りにセ・リーグを制します。そして続く日本シリーズにおいて、黄金期の真っ只中にいた西武を相手に、敗れはしたものの、3勝4敗と大健闘。翌九三年は、球団創設以来、初となるリーグ連覇を達成し、日本シリーズでは西武に4勝3敗でリベンジを果たします。

僕の中では、本当に強かった時代の西武に日本シリーズで勝ったのは唯一、「野村・ヤクルト」だけだという印象がありました。翌九四年、西武は日本シリーズで巨人にも敗れ、森監督が退陣。ひとつの時代が終わりました。

セ・リーグのお荷物とまで言われていたヤクルトは、「ＩＤ野球」を標榜する野村監督の就任によって、負け体質から脱却。監督の薫陶を受けた捕手の古田敦也さんを中心に、常勝軍団に生まれ変わりました。

さて、ヤクルトに入団し、まず僕を待ち受けていたのは春のキャンプの野村監督のミーティングでした。そのテキストになったのは野村監督が現役時代から少しずつ書き足していった「野村メモ」と呼ばれる、半ば伝説化したノートでした。

野村監督はノートの内容を次々とホワイトボードに書き写していきます。それを我々がノートに写す。じつにアナログな行為ですが、書くことで血肉化していったのだと思います。

当時のノートは今も大事に保管してあります。

後に一章を割いて書きますが、ノートの中には「弱者の兵法」という言葉がありま す。野村監督の出発点は、自分が弱者であることを自覚するところから始まっていま す。その意識が肥やしとなり、さまざまなチーム運営、戦術が生まれました。

野村監督は、よくこんな話をしていました。

「相手の力が10だとして、こちらが6ぐらいまでなら勝ち目はある」

僕もまったくその通りだと思います。ただし、相手が格上の場合、間違っても同じ戦い方をしてはいけません。言葉は悪いですが、正面からぶつかっていってはいけないのです。

弱者は弱者であることを意識することで、それを武器にすることができます。

ヤクルトを圧倒したソフトバンクですが、僕の目から見れば、ベンチワークに関し、いくつもの隙がありました。しかし、ヤクルトはそこを突けなかったのです。

二〇一五年から監督になった真中満監督も、野村監督の教え子で、野村野球のエキスを注入されています。しかし、傍から見ると、真っ向勝負、力勝負を挑んでいるように映りました。弱者であることを武器にし損なったのです。

僕もいつかは「監督をやってくれないか」と言われるようになりたい、という夢があります。

もし、僕が監督になったとして、野村監督の野球を継承していきたいと言うつもりはありません。というのも、あえて言わずとも、自然と似たような野球になるだろうなと思うからです。それぐらい野村監督の野球は、僕の中に染みついているものです。

野村監督には感謝しても感謝し切れません。その野村監督と今回、このような仕事を一緒にさせていただき、本当に夢のようです。

入団当初は何かにつけて怒られていたので、「早く辞めないかな」と思っていましたが、野村監督の野球を理解するに従い「監督はどうして欲しいのか」を考えるようになりました。それが僕のプレーヤーとしてのレベルを引き上げてくれました。しかし、今思えば、まだまだ足りませんでした。

僕は結局、4年間しか野村監督と時間をともにすることができなかったのですが、今思うと、もう少し長く一緒に野球をしたかった。野球選手として、もう一歩のところまできていたのではないかという思いがあるからです。

野村監督がいなくなってから、足りなかった部分をどれだけ埋めることができたかはわかりませんが、今回は野村監督に「野村メモ」の核となる八つの項目を立てていただき、それに対し、はなはだ僭越《せんえつ》ながら、僕なりの解釈を試みてみようと思っています。

今回の仕事を通し、改めて確信したことがあります。野村監督が掲げた「ＩＤ野球」という呼び方は、もはや過去のものになってしまった観があります。しかし、その考え方は、今日でも、野球界はもとより、あらゆるジャンルで通じる戦略モデルだということです。

（二〇一六年四月）

第一章

プロセス重視

野村克也

「優勝する方法は二通り」

今回のテーマは、八つに絞った。私がこれまで伝えてきた内容の8本の柱とでも呼ぶべきものだ。これを私の監督生活24年で出会った最高のショートであり、最高の教え子でもある宮本慎也に贈るラストメッセージとしたい。

「野村野球」とは——。

もっとも簡潔に答えれば、プロセス重視の野球だ。プロの世界で結果が問われるのは言わずもがな。その一歩先を行く野球だ。プロセスを大事にするということは、すなわち戦いの場に立つ前に心をつくるということでもある。

では、心とは何か。野性と知性、本能と理性などの相反する性質の比率は、人それぞれだ。その調和している様相が、その人の心であり、人格を形成している。

野性的だと表現される人は心の中で知性より野性が占める割合が高く、冷静だと表現される人は野性より知性が勝っているのだろう。

優勝するチームには、二通りの道があると考える。一つは手段を選ばずに選手をかき集め、絶対的な強さを持つこと。これが王道である。もう一つは、**優勝にふさわしい心を持ったチームにすることだ。**私がこれまで指揮した球団は、経済的な理由もあって補強に熱心ではなかった。ゆえに後者の道を選ばざるを得なかった。強いか否かではなく、ふさわしいか否か。プロセス重視の私にとっては、そちらの方が性に合っていたとも言える。

V９時代の巨人は、今も私の理想である。あの時代の巨人は戦力もそろっていたが、それ以上に優勝にふさわしいチームだった。若手には「王（貞治）や長嶋（茂雄）を見習いなさい」と言えば事足りた。中心選手が、誰よりも練習するのだから、若手は練習せざるをえない。こういうチームはちょっとやそっとのことでは揺るがない。当時は、チーム創設者である正力松太郎の「巨人軍は球界の紳士たれ」という言葉は、まだ生きていた。その巨人が二〇一五年から一六年にかけて、野球賭博にかかわったとして４人の選手に重い処分を下さざるを得なかったのは、どこかで道を誤ったからではないか。球界の盟主から転落したのも、そこに原因があるとしか思えない。

人間的成長なくして、技術の進歩はありえない。

このことは、選手として26年間、監督として24年間、プロ野球の世界で生きてきた私が身をもって体験してきたことである。

私が楽天の監督に就任した二〇〇六年、それまで喫煙などで問題を起こしていたプロ2年目の日本ハムのダルビッシュ有が急成長を遂げた。話し方も、話す内容も、練習態度も、1年目とは別人のようだった。人格が備わり、彼は瞬く間に日本を代表するエースに駆け上がった。おそらく誰かが、何らかの影響を与えたのだと思う。聞いた話では喫煙問題が発覚したとき、当時のヒルマン監督や寮長の厳しくも愛情ある対応がきっかけになったようだ。それなどは好例である。

ミーティングは勝負

二〇〇三年から〇五年まで、私は社会人野球のシダックスの監督を務めていた。あの経験は本当に貴重だった。プロとアマチュアの根本的な違いがわかった。プロ野球選手は個人事業主の集まりであって、第一に個人の成績があり、その結果としてチームが勝てばいいというのが基本的な考えだ。それに対し、アマチュア野球の選手たちは、まったく逆だった。お金がからんでいないので、こちらが何も言わなくても、個人の成績はそっちのけで、みんなが勝利に向かって一つになる。なんてやりやすいのだと思った。アマチュア野球は負けたら終わりのトーナメント野球が主だから、なおさらだ。これが野球の、集団スポーツの原点だと思った。

プロ野球もチームプレー第一だが、それを強制することはできない。プロである以上、いい成績を残し、年俸を上げたいという欲求を完全に否定することはできないからだ。したがって、**プロ野球の監督は一見、矛盾する「個人成績」と「チームの勝利」を言葉によって、いかに結びつけるかが、一つの大きな仕事になる。**

その心をつくるのに、私がもっとも重視したのはミーティングだ。ミーティングとは選手の信頼を勝ち取るための勝負でもある。舞台として最適なのは、春の1ヵ月にわたるキャンプだ。選手の頭の中は、真っ白。選手の信頼を得るのに、こんな絶好の機会はない。「一年の計は元日にあり」と言われるが、プロ野球選手の場合、一年の計はキャンプにあるといっても過言ではない。

キャンプを終え、充実した気分で満たされているシーズンは、だいたいいい結果が出た。逆にどこかしっくりいかなかったシーズンはダメだった。物事は最初が肝心であるというのは真理だ。うまくいかなかったとき、まずは出発点に立ち返るのがもっとも手っ取り早い。試合で言えば初回、イニングで言えば先頭打者だ。だいたいそこに原因がある。

ヤクルトの監督時代（一九九〇〜九八年）、チームはアリゾナ州ユマでキャンプをしていた（一九七八〜九九年）。これがよかった。周りに遊ぶところが何もないので、外出する選手がほとんどいない。女子アナウンサーも来ない。女子アナが来たら、選手もねらうし、向こうも選手をねらってくる。だから選手が食事に誘えば、すぐについてきてしまう。野球選手はお酒を飲んだり賭け事に興じることが大好きな人種だが、ユマではいずれもできない。お陰で選手たちは野球に集中できた。ミーティングも毎日行ったが一生懸命聞いていた。

神が人間に耳を二つ、口を一つ創られたのは、話す倍だけ人の話を聞けという啓示ではないか。実際に、人間は普段の生活で情報のインプットとアウトプットを行うとき、**「聞く50％」「話す30％」「読む15％」「書く5％」**程度が標準だという。つまり、心をつくるには、誰から何を聞くかが大事なのだ。

気力、知力、体力の三つの中で、野球選手にもっとも不足しているのは知力だ。だから、そこを補う必要がある。何かを学ぼうと思ったら、読むか、聞くしかないが、本を読めと言っても選手は読まないだろう。だったら話して聞かせるしかない。私が言葉を持たない人は監督になる資格がないと言う理由もそこにある。

子ども扱いされた阪神時代

人間は言葉の数だけ、思考することができる。だから、監督は選手が聞いたことも見たこともないような言葉を、選手の胸にどんどん突き刺していく。そして、信頼を勝ち取っていくのだ。

私のミーティングは、野球の話がなかなか出てこない。ヤクルトの黄金期を支えた捕手の古田（敦也）もびっくりしたと言っていた。やはり私の気持ちの中に、プロ野球選手である前に一社会人であって欲しいという思いがあったからだ。「野球バカ」になってもらいたくなかった。経済や芸術の専門家と討論できるまでの知識はなくとも、ほんの少し、考え方を変えて欲しかった。そこはこだわっていた。

私も一般世間から見たら「野球バカ」だろう。しかし、私のささやかな自慢は、本を120冊も書いていることだ。手前味噌になるが、おそらくこれだけの著書を持っているプロ野球OBはいないのではないか。それは、少なくとも、私が単なる「野球バカ」ではないと思われているからである。

とはいえ、そんな私も失敗をした。成功した話ばかりをするのはフェアではないので、逆の話もしておきたい。阪神の監督時代（一九九九〜二〇〇一年）だ。痛恨の記憶でもある。

阪神は関西随一の人気球団なので、タニマチが大勢いる。相撲界とよく似ていて、地方地方で、夜は彼らが手ぐすねを引いて待っている。しかも、阪神のキャンプ地は当時、高知の安芸《あき》だった。高知は一世帯あたりの飲酒費用が優に全国平均の倍以上ある「飲酒大国」である。だから、選手たちはミーティング中も時計ばかり見ていた。まだかよ、というような顔で。キャンプ地でも、遠征地でも、ホテルに残っている選手はほとんどいなかった。あの伝統は、私には崩せなかった。また、私は球団初となる「外様《とざま》監督」だったが、よそ者は一切受けつけないという排他的な雰囲気もあった。これは大変な球団に来たと思ったものだ。

最初のミーティングで選手との戦いに敗れた。選手の知識欲や、向上心を引き出すことに失敗した私は無力だった。私のような理論派は、まるで子ども扱い。球団や選手にも申し訳ないことをしたと思った。この球団を変えるには、鉄拳制裁も辞さないような熱血監督でなければダメだと思った。だから辞めるときに次期監督として星野仙一を推薦したのだ。

とはいえ、今でも阪神ＯＢとなった桧山《ひやま》進次郎や、赤星憲広などは、折に触れ、私への感謝を口にしてくれる。結果は出せなかったが、プロセスを重視する野球が、伝わる選手には伝わっていたことが、せめてもの救いだ。

一つの方法が、どこでも通用するわけではない。最初に指揮する球団。それが後の指導者人生を決定づけると言ってもいいだろう。そこは肝に銘じておいた方がいい。

ただ、実績をつくった後ならば、弱いチームの監督を引き受けて失敗しても逃げ道がある。「あの野村でもダメだったか」と。反対に優勝でもしたら、さすがと言われる。そのあたりは案外、私はずる賢いのかもしれない。

宮本慎也

「言葉」は頭のストレッチ

「刷り込み」という言葉があります。生物によっては、生まれて初めて見た動くものを親と認識する習性があるそうです。

僕にとって野村監督の存在は、それに近い気がします。プロ野球選手となり、最初に指導を受けたのが野村監督でした。野村監督の下でプレーしたのはわずか4年ですが、「野村メモ」を読み返すと、いかに野村監督がおっしゃった言葉に沿って生きてきたかがわかります。

さまざまな選手を見てきましたが、プロに入って最初にどのような指導者に従えたかということは、その後のプロ野球人生を大きく左右するのではないでしょうか。サラリーマンで言えば、最初の上司です。その意味においても、野村監督が最初の指導者で本当によかったと思っています。

野村監督と言えば、春のキャンプ時のミーティングが有名です。僕もニュース等で見ていたので、入団前から知っていました。

最初はドキドキしていました。これまで学んだ野球とどう違うのだろうとか、指名されて何か答えなければいけなかったら嫌だなとか。

5時過ぎまで練習をし、宿舎に戻ると、6時から食事です。食後、ミーティングルームに集合し、7時から8時まで監督の話に耳を傾けました。ミーティングの後は夜間練習が待っています。文字通り、野球漬けの毎日でした。

ミーティングでいちばん驚かされたのは、最初の数日間、ほとんど野球の話が出てこなかったことでした。〈男性の平均寿命は77歳でプロ野球選手の寿命は長くても15年から20年なのだから、第二の人生に備え、野球を通じて自分を磨かなければならない〉とか、哲学者ニーチェの**〈生きるための目的を持っている人は、ほとんどどんな生き方にも耐えられる〉**という言葉を引用して目的意識とは何かを論じたりするのです。

野村監督の話はミーティングをしているというより、授業を受けている感覚に近いものでした。ただ、野球以外のことにも興味を持たなければ、野球も上手にならないんだという教えは、僕の母校であるPL学園の教えと通じるところもあり、意外とすんなり受け入れられた気がします。

ミーティングでは、「書かなければ覚えられない」と言われ、野村監督がホワイトボードに書き出す言葉を一字一句間違えないよう写しました。松井優典《まさのり》ヘッドコーチが消す役を担っていたのですが、野村監督がささささっと書いて、パッと裏返されると裏面はもう消されてしまうんです。食べたばかりなので、ついうとうとしてしまうと後で誰かに見せてもらうしかない。必死で書いていたのを覚えています。たかが1時間とはいえ、普段、そうした作業に慣れていないプロ野球選手にとってみれば「苦行」以外の何物でもありませんでした。

ミーティングの内容は毎年、少しずつ変わりますが、ほぼ同じです。それでも「マズローの欲求五段階説」や、歴史小説家の吉川英治の名言など、初めて聞くような話ばかりだったので、最初は何のことかさっぱりわかりませんでした。しかし、何度も聞いているうちに少しずつ言葉の意味を理解するようになっていきました。

入団3年目の一九九七年のミーティングも、やはり心をつくるところから始まりました。僕が入団した九五年は日本一、しかし翌九六年はリーグ4位に終わりました。

野村監督も心中期するところがあったのでしょう、初日のミーティングで、その年のチームスローガンとして〈**前後裁断**〉という言葉を書かれました。過去も未来も忘れ、ただ目の前にあることに一心不乱になって取り組むといった意味です。

初めて聞いた言葉でしたが、とてもインパクトがありました。あの年は、この言葉によってチームがひとつになり、日本一のタイトルを奪還できたと言っても過言ではありません。

日本のスポーツ界で「言葉」を持つことの大切さを最初におっしゃったのは野村監督だったのではないでしょうか。

言葉を覚える作業は、ストレッチに似ていました。**ストレッチをすればするほど可動域が広がるように、言葉を覚えれば覚えるほど、思考の範囲が広がっていくのです。**また、ときには拠り所となり、気持ちが安定しました。

〈無知を自覚することから進歩が始まる〉

これも野村監督の言葉です。哲学者ソクラテスは「無知の知」と語っていますが、自分が知らないことを知ることは、もうその時点で「無知」ではないのです。

プロセスがあるからこそ本当の力になる

野村監督は常にプロセスの重要性を説いておられました。そもそも、それを重視していなければ、わざわざ毎日ミーティングもしません。

プロセスを軽んじて、それで結果が出ることもあります。でも、それはあくまでフロックで、その後が続かない。これまでのプロ野球の歴史でも、そういうことは何度もありました。低迷期から脱し久々に優勝を遂げても、その強さが続かず、またすぐ低迷期に戻ってしまう。それは心の中に相応のプロセスを経て培った芯がないからだと思います。

つまり、**プロセスがあるからこそ、結果が出たときに本当の力になるのです。**

野村監督は一九九〇年にヤクルトの監督に就任し、計9年間で4度のリーグ優勝、3度の日本一になりました。九〇年代、西武も同様に3度日本一になっていますが、ヤクルトと西武は日本シリーズで3度直接対決し、ヤクルトが2勝1敗と勝ち越しているので、ヤクルトは九〇年代最強のチームだったと言っていいと思います。

黄金期を築くことができたのは、野村監督の教育があったればこそです。

野村監督は「優勝にふさわしいチーム」になることを求めたのと同じように、記録やタイトルを獲《と》る選手にも「ふさわしい人格」を求めました。

ただ、ふさわしくなくとも、タイトルを獲得するケースもあります。元同僚で、僕も世話を焼いた選手なので、あえて名前を出します。バレンティンです。

誤解のないよう最初に述べておきますが、バレンティンは陽気で、とても気のいいやつです。ただ、僕の感覚からいくと、感情の浮き沈みが激し過ぎました。

二〇一三年、バレンティンがシーズン本塁打60本をマークし、王さんが持っていたシーズン本塁打55本の日本記録を更新しました。チームメイトなのでもちろん嬉しかったですが、正直、彼でいいのだろうかとも思ったものです。

外国人だからどうのこうのということではないのです。ピッチャーゴロを打ち、バッターボックスから一歩も走らずに帰ってきた選手を、僕は初めて見ました。そのときはバレンティンがベンチに戻ってくるなり、僕はベンチを思い切り蹴り上げました。もちろん、彼に聞こえるようにです。

だから、日本新記録となる56本目を打ったときも「先に記録を作っちゃったから、これからは人間性を磨いて欲しい」とあえて厳しいコメントをしました。

二〇一三年、僕は引退してしまったので、記録達成後のバレンティンの態度がどう変化したかはわかりませんが、もし、彼が僕のコメントの意味をきちんと理解してくれていれば、あの程度の成績で終わっているはずはありません。それこそ、日本プロ野球界を代表する助っ人外国人になっていたはずです。でも彼の現役生活はこれからも続きますので、今後に期待したいと思います。

「プロセスなき成功は、失敗よりも恐ろしい」

やはり人間性を磨くということは、技術とはまったく関係がないようでいて、長いスパンで見ると必ずやリンクしているものです。**体を鍛える、技術を磨くという行為は、どんな競技であれ、少なからず苛酷《かこく》なものです。丈夫で、大きな心の器が出来上がっていないと、いずれ壊れたり、あふれ出たりしてしまうものなのです。**

野村メモにはこんな言葉があります。

〈失敗してだめになった人より、成功してだめになった人の方が多い〉

〈失敗する恐ろしさよりも、いい加減にやって成功することの方が、もっと恐ろしいのだ〉

いずれの言葉も示唆に富んでいます。

スポーツの世界では、ときに「勝っちゃった」という状況が起こります。大舞台でアドレナリンが大量に噴出し、普段の力以上のものが出てしまうことがあるのです。それをたまたまだと冷静に分析できればいいのですが、自分の実力だと勘違いしてしまうと、そこから不幸が始まります。永遠に埋まらないギャップに悩み続けることになるのです。

成功が人をつくることもありますが、やはり、まずは結果にふさわしい人間になる、結果が出て当然と思える取り組みをすることが先決だと思います。

チームが連敗しているとき、僕は勝つのにふさわしいチームになるよう心がけました。当たり前のことを、当たり前にさせるのです。打ったとき一塁へ全力疾走するのはもちろん、カバーリングを怠らない、サインミスをしない、攻守交代を素早くする、声を出すなどして元気を出す、塁に出たらリードを取るなどです。まるで高校野球のようですが、負けているときは得てして小さなことを疎《おろそ》かにしているものです。そして、不思議と小さなことを丁寧にやっていると、他のプレーにも波及し、いい流れになってくるのです。

うまくいかないときは大きく変えるのではなく、小さなことを変え、それを続けていくことが大事です。たとえば、部署の業績が上がらずに悩んでいるサラリーマンの方は、基本である朝のあいさつを徹底するところから始めてみてはいかがでしょうか。それだけでも気持ちが前向きになり、いいアイデアが出てくるようになると思います。

ただ、例外として、プロセスうんぬんかんぬんと言ってはいられない場合もあります。僕の経験で言えば、二〇〇四年のアテネ五輪、〇六年のワールド・ベースボール・クラシック（WBC）、〇八年の北京五輪で経験した日本代表チームがそうでした。特に初めてオールプロで挑んだアテネ五輪は、負けたらすさまじい状況になることが予想されていたので、何が何でも勝たなければならないと思っていました。あまりの重圧に、予選3試合で体重が4～5キロも落ちたほどです。そのときは一生懸命やったのだから負けても仕方ないというような考えは一切、持っていませんでした。職場でも、そういう勝負どころはあるかと思います。しかし、それはあくまで「非常時」に限ります。

野村監督は「結果主義の人」「過程主義の人」という分け方をしていましたが、前者は失敗したら何も残らないという極端な勝利至上主義に陥り、生活がギスギスしてきます。逆に後者は結果が伴わなくても、生き甲斐を感じながら生き生きとしています。

長いスパンで見れば、やはり過程主義者の方が、強く安定した力を得ることができるし、その人の人生も豊かになる気がします。

プロ野球なのだから勝てばいいという意見もあるかもしれませんが、プロ野球は勝つことを目指すのは当たり前で、さらにその一つ上をいかなければなりません。ファンから愛されるチームになるべきなのです。強いだけでは、いつかはそっぽを向かれ、やはりいつかまた力を失ってしまうと思います。

人間が持つ二つの生

2年目の2日目のミーティングで教わった、〈マズローの欲求五段階説〉という話も、今となると、そういうことだったのかと思うことが多々あります。

マズローはアメリカの心理学者で、人間の欲求には五段階あると説きました。マズローの5段階欲求を説明するとき、よく5層に分かれたピラミッドの図が利用されます（図1参照）。下の層からそれぞれ第一段階は**「生理的欲求」**、第二段階は**「安全欲求」**、第三段階は**「社会的（所属と愛の）欲求」**、第四段階は**「尊厳（自我）欲求」**、第五段階は**「自己実現欲求」**と説明されています。

下層の欲求を満たしたとき、初めて人間は一つ上の欲求を求めます。そうして一段一段、ステップアップしていくわけです。ちなみに、マズローはのちに第五段階のさらに上に「自己超越」段階が存在すると付け加えています。

第一段階は食べたい、寝たいという人間の根本的な欲求です。それが満たされると、雨風がしのげる住居や病気の治療など、安全に健康に生活したいと願う。

マズローの欲求五段階説（図１）

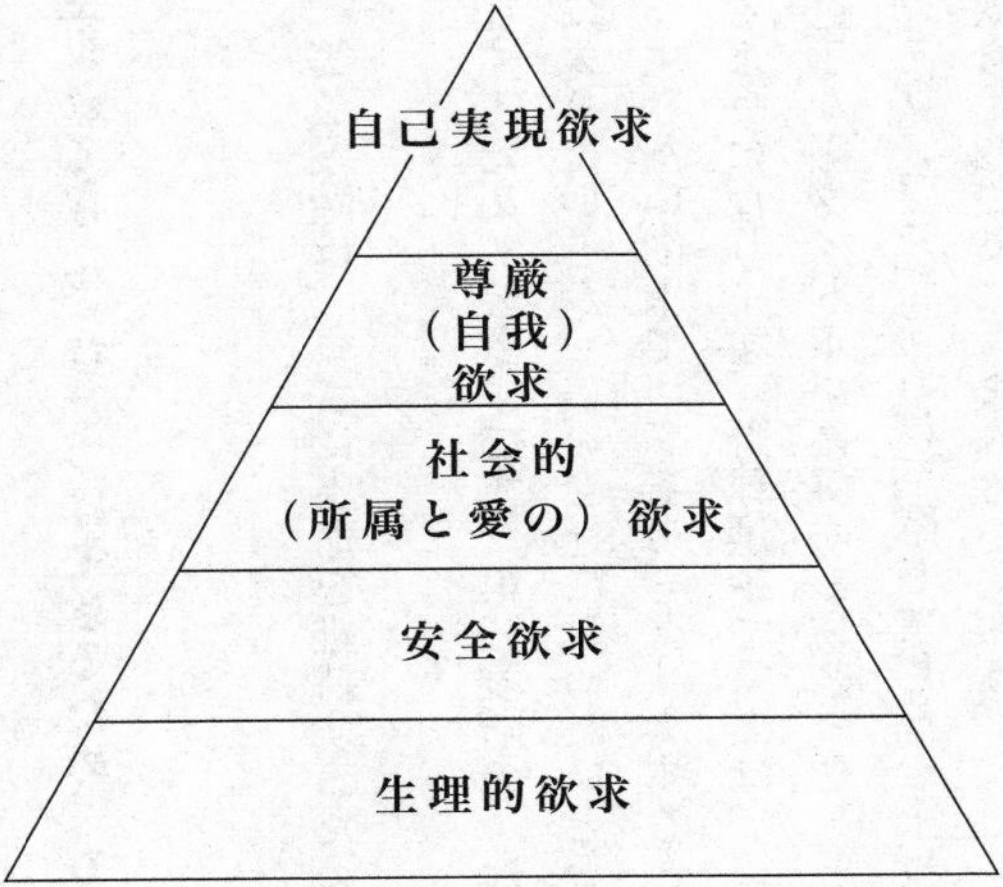

野村監督は、

〈人間は二つの生を持って生まれてきた。ひとつは生きるため、もう一つは存在するためだ〉

と話していましたが、第一、第二段階は、まさに生命を維持するための最低限の欲求と言えます。

そして第三段階以降は〈存在するため〉の欲求です。第三段階の「社会的（所属と愛の）欲求」とは、いい学校に入りたいとか、いい会社に勤めたいとか、結婚をして家庭を持ちたいとか、よりよく生きたい欲求です。そこをクリアすると、今度は他人から高い評価を得たいと考えるようになります。野球選手で言えば、チームでレギュラーに定着したり、プロ野球選手ならタイトルを獲得する、ということが第四段階の「尊厳（自我）欲求」に当たります。プロであれば活躍して年俸を上げたいという思いもあるでしょうから、金銭欲も第四段階に含まれるでしょう。

第五段階の「自己実現欲求」に進むと、そうした名誉やお金などとは別のところで動くようになります。自分の得意分野で自分を表現したいという欲求です。要は「好きだからやる」とか、純粋にチームの勝利に貢献したいという心境に近いと思います。

野村監督は、

〈仕事が楽しみなら人生は楽園だ。義務なら人生は地獄だ〉

とも書いていましたが、それはここまでの境地に辿《たど》り着けというメッセージでもあったのだと思います。

この領域に足を踏み入れられた人は強いです。つまり、生きる目的に辿り着いたと言ってもいいでしょう。先ほど、ニーチェの〈生きるための目的を持っている人は、ほとんどどんな生き方にも耐えられる〉という言葉を引用しましたが、ここにある「生きるための目的」とは、単純に言えば好きなこと、損得を考えずに打ち込める対象を見つけるということだと思います。

「無欲は、究極の欲」

おそらく、大部分の人は、お金があればもっと幸せになれるのにと思いつつ、でもそれだけではないよなと思っているのではないでしょうか。それは第四段階が満たされていないのに、第五段階に行きたいと感じているからだと思います。

僕は野球をやっていて「楽しい」と思ったことはほとんどないのですが、好きだからやっているのだという意識は持っていました。それは年々、強くなっていったように思います。ただ、まだ年俸が低かった頃、そういう気持ちになれたかというと、それは難しかった気がします。やはり、レギュラーにならなければクビになる、稼げないという思いに支配され、好きだからやっているのだと考える余裕はありませんでした。

第五段階に到達するのが理想ですが、**第四段階が満たされていないうちは、言葉は乱暴ですが、相手を蹴落としてでも這《は》い上がってやるんだとガツガツしていてもいいのではないでしょうか。**特にプロスポーツ選手は、それぐらいのハングリー精神がなければ生き残ることはできません。

また、第四段階が満たされても、第五段階にステップアップしない人もいます。いわゆる慢心です。そこで得た名声やお金は、本来、自己実現のための手段なのに、それ自体が人生のゴール地点になってしまっているのです。そうならないためには、常に高い目標を用意していくことが必要だと思います。

これも野村監督のミーティングにありましたが、**目標は三段階に分けることをおすすめします。大きな目標、中くらいの目標、小さな目標です。**大きな目標ばかりを見上げていると疲れてしまいますし、小さな目標ばかりだとすぐに達成できてしまい、そこで足が止まってしまいます。

僕は入団時、プロで10年間プレーするという大目標を掲げました。そして、そのためにやらなければならないことを少しずつ考えていきました。それが中くらいの目標だったり、小さな目標だったりしたわけです。1年目は最低でも一軍に残らなければならない、残るためにはまずは体を強くしなければならない等々。そうして、小さな目標をクリアしていくうちに、僕は第五段階に進んでいたのだと思います。**自分の名誉や給料のためにやっているという意識は年々、薄れていきました。でもだか

らこそ、入団時の大目標を上回る19年間もプロでプレーできたのだと思います。

だったら、何のためにやっていたのかと聞かれれば、それはチームのためです。チームが日本一になるためにはと思い、ときに若手選手にも厳しく接してきました。

今思えば、3度の日本シリーズと、2度のオリンピックと、WBCでも「自分のため」という意識は完全に消えていました。言い換えれば、そうした短期決戦では、みんながその状態に限りなく近づかなければ勝利することはできません。

特に2度のオリンピックは自分がキャプテンだったこともあり、シーズン中はそんなことを思ったらプロ失格だと思っていましたが、自分が試合に出ない方がいいのであれば出なくていいと思えました。何のために戦っていたかと聞かれれば、それは日本の誇りです。マズローが説く最終段階の「自己超越」とは、あえて言えば、そういう心理状態のことを指すのではないかと思います。

プロ棋士の羽生善治《はぶよしはる》さんが、著書の中で、もっとも力を発揮できるのはリラックスして楽しんでいるときで、2番目は重圧がかかって緊張しているときだと書いていましたが、羽生さんが言うリラックスした状態というのも、この最終段階に入っているのでしょう。

よくスポーツの世界で「無欲の勝利」という表現を使いますが、これは決して欲を捨てたわけではなく、欲を超越したからこその精神状態なのです。

野村監督は、

〈人間は死ぬまで限りなく満足を求める動物である〉

と書いていたように、無欲になるには、誰よりも貪欲《どんよく》になり、そこを突き抜けなければならないのだと言えます。

日本シリーズで勝たないと意味がない

野村監督に教わっていた当時、僕がどこまで野村監督の言葉を理解していたかはわかりません。正直、ほとんど理解していなかったのではないでしょうか。ただ、僕が入団したとき、ヤクルトは野村監督になってからすでに6年目のシーズンを迎えていました。ですから野村監督の言葉を理解できなくても、選手の動きを見れば、そこから野村イズムを感じ取ることができました。

入団したとき、内野手に最高のお手本がいました。二塁手の土橋勝征《かつゆき》さんです。一九九五年に日本一になったとき、野村監督が「陰のMVP」と称した土橋さんは、僕と同じ脇役タイプで、いつでも黙々と練習をされていた。野村監督から信頼されている選手でも、ここまで練習するものなのだと、ひとつの基準になりました。

九〇年代のヤクルトは、野球をやるときは真剣でしたが、野球から離れるとバカなこともやったり言ったりする先輩たちが多く、スイッチのオン・オフがとても上手な、大人のチームでした。また、それぞれに給料を上げたいという思いは持っていたのでしょうが、それが前面に出過ぎることがなく、みんながチームの勝利の方を向いていました。

古田さんは事あるごとにこう言っていました。「リーグ優勝しても日本シリーズに負けたらその喜びが消える。日本シリーズに勝たないと何にもならへん」と。だから日本シリーズを前にしても、自然と選手間で「ここで勝たないと一年間、がんばってきた意味がない」と言い合っていました。

あそこまでしっかりとチーム目標が定まっていて、かつ、ほとんどの選手がそれを意識していたチームは珍しいのではないでしょうか。

僕が入団する前、ヤクルトは九二年にリーグ優勝を遂げ、日本シリーズで西武に悔しい負け方をしました。それが九三年の日本一につながってと、当時のヤクルトは、その過程で得た経験がそのままチームの養分になっていました。

その下地に野村監督の「プロセス重視」の教えがあったことは、もはや言うまでもありません。「マズローの欲求五段階説」など知らなくとも野球はできますが、**人間の心理を学べば学ぶほど、なぜ負けたのかが見えてきます**。したがって、具体的にどうすればいいのか対策を立てることができます。

野村監督は、こんな話もしていました。

〈人の値打ちは失敗するかしないかではなく、失敗から立ち上がれるかどうかで決まる〉

立ち上がるためにも、敗因の分析が必要になってきます。

そういう意味では、二〇一五年に日本シリーズでソフトバンクに完敗したヤクルトが二〇一六年、どう生まれ変わるのか。その戦い振りを見れば、どこまでプロセスを重視しているかがはかれると思います。

第二章

頭脳は無限

野村克也

「とは理論」

最近、私は「とは理論」というのを提唱している。野球とは。守備とは。攻撃とは。何でもいいのだ。それに答えていくことで考えが深まる。

考えるとは——。哲学者のソクラテスはこう語ったとされている。

〈哲学とは「考える」こと、さらに「考える」ということについて考えることである〉

考えて、考えて、考えるのだ。ソクラテスが生きていたころの哲学は文章を書くのではなく、対話によって論を発展させていった。言葉と言葉を戦わせるのだ。つまりは「とは理論」の応酬である。

楽天の監督時代、ミーティングであるベテラン選手に「素人に『野球とは?』と聞かれたら、何と答えるんだ」と聞いたら、「考えたことがありません」と。「今、考えろ。しばらく待っててやる」と問い詰めても、何も言葉が返ってこない。私にはそういうタイプは考えることを放棄しているとしか思えない。

宮本に野球とはと尋ねたら即答した。「頭のスポーツです」と。さすがだ。私は何十年も考え、今も考え続けているが、野球はどう考えても頭のスポーツだ。

イニングごとに間があり、一打席ごとに間があり、一球ごとに間がある。あんなに自らの意思で間を取れる対戦型スポーツは他にない。その間に考え、備える。そこに野球の本質がある。技術に限界はあるが、頭脳は無限だ。頭を使わない手はない。

打撃も備えで8割方、決まる。80年を超える日本プロ野球史の中で、4割打者は一人も誕生していない。3割打てば一流と言われる世界だ。打者は圧倒的に不利なのだ。

それもそのはずで、ありとあらゆる対戦型球技の中で「守備」と呼ばれる側がボールを保持しているのは野球と、ソフトボールと、クリケットぐらいだろう。主導権は攻撃側ではなく、守備側にある。実は野球において攻めているのは、ピッチャーのみなのだ。

どんなスポーツにおいても攻撃を受ける側は、相手がどう攻めてくるかを読み、準備をしておくものだ。打者も同様だ。そう、ヤマを張るのだ。

技術に生きるか、勝負に生きるか

これまで日本に何人のバッターがいたのかはわからないが、私はヤマを張らせたら日本一だという自負がある。ただ、昔の野球界にはヤマ張りは二流バッターがすることだとみなす風潮があった。

高卒で南海に入団した私は、プロ入り4年目に初めて3割を打ち、ホームラン王のタイトルも獲得した。しかし、その後2年間は、打率2割半ばと低迷する。研究されたことで、途端に打てなくなってしまった。そこで、足りない4分、5分をどうすればいいのだろうとロッカールームで頭を抱えているとき、何かの拍子に先輩が、「人間って、ぶん殴った方は忘れても、ぶん殴られた方は忘れないものなんだよな」と言った。それが啓示だった。そういうことなのだ、と。つまり、**人間は相手が自分に対してどんな感情を抱いているかということを考えているようで、実はほとんど考えていないのだ。**

私は頭で勝負するしかないと悟った。ヤマカンと呼べば当てずっぽうだが、根拠のあるヤマなら立派な読みになる。

相手が自分を見る目を獲得し、少しずつ配球が読めるようになっていった。初球を平然と見送ったあと、痛烈なファウルを打ったあと、変化球を空振りしたあと等々。変化球を空振りしたときは、投手の性格によって、狙い球を変えるときと、あくまで変えないときがあった。また、投手の癖も研究した。ビデオテープなどない時代だったので、16ミリで試合を撮影し、それを擦り切れるまで見た。執念とはすごいもので、普段は見えないものまで見えてくる。投手の指の隙間から見えるボールの白い部分の面積が広いか狭いかでスライダーか、ストレートかがわかったことがある。あるいは振りかぶるときに浮かぶ筋肉の筋で球種を判断したこともあった。

配球の傾向も徹底的に調べたが、当然のことながらヤマが外れることもある。裏をかかれ、あっさり見逃し三振をすると鶴岡一人監督にボロカスに言われたものだ。「馬鹿野郎！　ヤマなんか張りやがって！」と。しかし、私は開き直っていた。トータルで結果を残せばいいのだ、と。要は技術に生きるか、勝負に生きるか、なのだ。私はバッターボックスに入るとき、いつも「よーし、勝負！」と思っていた。そうしてプロ7年目以降、しばらくは打率3割前後で安定し、8年目から8年連続で本塁打王のタイトルを獲得することができたのだ。

日本一になった一九九七年、広島を自由契約となり、ヤクルトに移籍してきた小早川毅彦《たけひこ》も、広島時代、ベンチから見ていて頭を使っているという雰囲気が微塵も感じられない選手だった。いわば、来た球を打つという「天才」型である。それだけに可能性を感じ、獲得してもらったのだ。今や語り草となっている九七年の巨人との開幕戦、小早川はエースの斎藤雅樹から3打席連続本塁打を放つという離れ業をやってのけた。

当時の斎藤は2年連続最多勝を獲るなど、もっとも脂が乗っていた。そこで配球を徹底的に分析し、ひとつの傾向を見出した。左打者に対し、3ボール1ストライクになると、斎藤は100%の確率で外角に入るスライダーでカウントを取りにくる。小早川にはそのボールを踏み込んで打てと伝えていた。すると第2打席でまさに想定した状況が巡ってきて、小早川はそのボールをライトスタンドに放り込んだ。それが2本目のホームランだった。

スライダーというボールはとても便利だ。特に真っ直ぐを待たれているときのスライダーは効く。しかし勝負所を間違えるとスライダーはカモになる。**便利は弱い。これも勝負における原則のひとつだ。**

当時のヤクルトは「野村再生工場」と呼ばれたが、種を明かせば、非常にシンプルである。私は彼らに考える材料を与えていたに過ぎない。

「待つことも積極性」

シェイクスピアの戯曲『ハムレット』の中に、こんなセリフがある。

〈考える心というやつ、もともと４分の１は知恵で、残りの４分の３は臆病に過ぎない〉

考えれば考えるほど不安材料が浮かび、結局何もできなくなるのが人間の本質だということだ。わからないでもない。だから考えずに行動する人間が多いのだ。

確かに、考えを深めることは戦いであり、とても勇気のいることだ。したがって**「備える」とは勇気の結晶だとも言える。**

今の日本のプロ野球を見ていると、考えることを拒否しているような選手が何と多いことか。いつだったか、9回裏、巨人が5点負けている場面で、先頭打者の村田修一が初球を打って外野フライに倒れた。少しでもチームの勝利を考えるのであれば、1ストライクを犠牲にしてでも1球目は待つべきだ。

打席に入るということは、必ず何か目的がある。塁に出る、つなぐ、還す、いずれかだ。5点差、9回、先頭打者という状況を考えたら、塁に出る以外ない。ピッチャーの立場に立てば、見え見えであっても見逃された方が嫌に決まっているのだ。なぜ簡単に見逃したのか、次はどう出るのか、考えなければならないからだ。繰り返すが、**考えるという行為は、それだけで相手に負荷を与えるものなのだ。**もし外れて1ボールになったら、それだけで断然、打者が有利になる。四球の可能性も出てくる。

たとえ村田がホームランを打っていたとしても、私は認めない。ヒットでもだめだ。それでは結果オーライの野球になってしまう。そういう野球を続けていたら、百数十試合戦ったときにはっきりと差になって現れる。もちろん1点差であれば、ホームラン打者である村田は長打にできるボールがくれば初球からねらっていい。ただ、2点差でも、私なら1球待たせただろう。

何でもかんでも初球から行くことが積極性ではない。待つことも積極性であり、勇気なのだ。**村田は「試合」をしているだけで、「勝負」をしていなかった。**

東京五輪が開かれた一九六四年、アメリカにワールドシリーズを観戦に行ったことがある。ヤンキースとカージナルスの対戦だった。第3戦から第7戦まで観たのだが、カージナルスが負けている試合で、最終回、4番のケン・ボイヤーは、やはり初球を打たなかった。2ボールになっても1球待った。バリバリのメジャーリーガーでも、塁に出る確率を上げる野球をやっていたのだ。ここで待たれたら嫌だなという場面で待つことは、決して消極的な作戦ではない。

想像野球、実戦野球、反省野球

私は現役時代も監督になってからも、いつも3回、試合をしていた。試合前に行う想像野球と、実際に戦う野球と、試合後の反省野球だ。

たとえば想像野球の中で、初回、ノーアウト一塁になったとする。初回からバントというのは好きじゃない。しかし、相手の先発投手の力量によっては、このピッチャ

―から3連打は難しいのでバントで送ろうかなと考える。でも、初回に1点取ったからといって、こちらの先発投手の出来にもよるが、相手にとっては痛くもかゆくもない。だったら、やはり強打で行こうかな、と考え直す。いろいろな場面を想定して、ナイター―の場合は、だいたい試合直前まで考えている。

試合後は、ある意味、負けたときの方が反省野球は充実している。勝ったときというのは人間、あんまり考えないものだ。少しは勝因を分析するが、簡単に終わってしまう。逆に負けたときはしつこい。なんで俺はあそこであれに気づかなかったのかとか、あそこであのサインを出せばよかったとか、後悔ばかりしている。寝ようと目をつむっても失敗した場面が浮かんできて、目が冴え、また夜が明けていくのだ。

反省野球は想像野球に変わり実戦野球のプレーボールがかかるまで、頭の中で繰り返される。しかし、試合が終わると、また1日前の反省野球をやっていることもあった。そうなると、連敗した日の晩などは、反省野球のダブルヘッダーだ。そのような状況なので24時間、頭の中は野球だらけ。現役時代も監督時代も、本当に頭が疲れたものだ。

宮本慎也

「枠の中の自由」

ミーティングでは例外なく毎年、打者には四つのタイプがあると教えられました。

Aタイプ（＝理想型）……速球を待っていても変化球に対応でき、その逆も可能。技術が高く、ヤマを張る必要のないタイプ

Bタイプ（＝無難型）……配球を研究し、内角か外角か、大まかに予想してくるタイプ

Cタイプ（＝器用型）……状況に応じて打つ方向を決め、自分のペースに巻き込もうとするタイプ

Dタイプ（＝不器用型）……配球や癖を徹底的に研究し、かなりの確率でねらい球を絞ってくるタイプ

入団当初こそ、僕はCタイプに徹していましたが、その後は、状況によって、4タイプを使い分けていました。

僕のようなバッターは自由に打っていいということは、まずないんです。レフトへホームランを打った後などは、引っかけてショートゴロを打ったり、大振りしたりすると、「勘違いすんな!」と絶対に怒られるので、意図的にセカンドゴロを打っていたほどです。右方向なら、ひとまず怒られないだろう、と。とても後ろ向きな理由なのですが……。

だから、**せめてこの4タイプの中でも、自由にやろうと考えたのです。枠の中の自由です。ただ、それが組織の中で自由にやるということだと思ってもいます。**

たとえば、たいしたピッチャーではなく、真っ直ぐに合わせておけば変化球も対応できると見ればAタイプで行きましたし、ダルビッシュ有や田中将大《まさひろ》のような投手に対しては球種もコースも絞るDタイプになりました。また、場面的に引っ張ってはいけないと思ったら、ピッチャーが誰であろうと得意のCタイプを選択する。

巨人で活躍された桑田真澄さんはランナー一塁のとき、ゲッツーねらいで絶対シュートを投げてくるのですが、僕はそのシュートが苦手でした。だから、そのシュートにうっかり手を出してしまわないようカーブを待ちました。緩いボールに合わせておけば、シュートを振りにいくことはまずありません。

ただ、球種のヤマが当たったときに気をつけなければいけないのは、ボール球に手を出さないということです。だいたい最初は「来た！」と思って、少々ボールでも手を出してしまうものなのです。だからそこはスライダーにヤマを張っていても、真ん中から内側のコースに意識を置いて外のボールになるスライダーには手を出さないようにするなど、野村監督いわく「三段構え」のヤマ張りをしていました。

根拠のある見逃し三振は怒らない

野村監督に「根拠があれば、俺は見逃し三振をしても怒らない」と言われ、目から鱗《うろこ》が落ちました。そこまでの野球人生で、そんなことを言われたのは初めてだったからです。

ほとんどの野球選手が少年野球の時代から「見逃し三振は何も起きないからダメ

だ」と言われ続けてきたのではないでしょうか。小学生の頃はストレートばかりですから、それは正しい教えなのかもしれません。しかしプロともなれば、追い込んだ後、いちばんいい球を投げるものです。あらゆるボールを想定しながら、それを打つのは至難の業です。

たとえば調子がいいときのダルビッシュは追い込まれてからでも、コースと球種をしぼらなければ打てませんでした。そこは、野村監督がよく言うように勝負です。いつも監督の前に座っていたので、真っ直ぐで見逃し三振しても、「今、何を待ってたんや？」と聞かれ、「こういう状況だったので、変化球です」と言うと、「うん」と納得してもらえました。それが野村監督の言葉を借りれば**「理をもって戦う」**ということなのです。理は理由の「理」であり、原理の「理」でもあります。

野村監督は「根拠のある見逃し三振ができるようになれば2割7分の打者が3割を打てるようになる」と話していたことがあります。山﨑武司さんが楽天に移籍し、二〇〇七年にキャリアハイとなる43本塁打をマークして2度目の本塁打王を獲ったのも、見逃し三振を怖れなくなったからだと聞いています。

野村監督は捕手に対しても、「根拠のないサインは出すな」と口を酸っぱくして言っていました。そして、どうしても根拠が見つからないときは外角低めに投げさせなさい、と。外角低めのことを野村監督は「原点」と呼び、困ったら原点に戻りなさいと指導していました。

野村監督は捕手出身だけに、キャッチャーにはとても厳しい方でした。楽天の監督時代もルーキーの嶋基宏がベンチの中でよく怒られていて、自軍の攻撃が終わっても、まだお説教が続いていることがありました。僕はよくわかっているので、いつまでも待ちますのでゆっくりどうぞ、という感じで見ていましたが……。

野村監督の話によると、嶋はとても臆病な性格で、ほとんどインコースを使わず、外角一辺倒だそうです。そこであるとき、「おまえはいつも困ってるのか」と聞いたら、「はい」と答えたと。野村監督もそう言われたら、それ以上、何も言えなかったのではないでしょうか。しかられ役の先輩としては、なかなかうまい答えだと言っておきましょう。

野球のセオリーではなく、人間のセオリー

ヤマの張り方に関し、初球の待ち方は特にうるさく言われました。たとえば、前の打席でヒットした球は、バッターもまさか同じボールが初球にくるとは思っていないと考え、裏をかいて、同じボールでストライクを取りに来るものなんだ、と。また、凡打の場合は逆がくると教えられました。インコースの速球で詰まらされたりすると、打者はそれが気になって仕方ないので、今度は緩いボールでストライクを取りにくるわけです。

ただ、こんなことがありました。最初の打席、ノーアウト二塁の場面で初球のストレートを右中間に弾き返し、二塁打。次の打席はまた得点機で巡ってきて、今度は初球、変化球を空振りしたんです。その打席は結局、三振してしまい、ベンチに戻ると、監督に「おまえ、何を待ってたんだ」と聞かれ、「ストレートです」と自信を持って言ったら、「アホか。相手はおまえみたいなへぼバッターにストレートを打たれて後悔してるんや」と激高されました。だったらへぼバッター用の配球を教えてくだ

さいよ！　と言いたいところでしたが、そんなこと言えるはずもありません。

そのときはまだ若かったので正直、ムッとしましたが、考えてみれば、人間同士のやることなので絶対などあるわけがないのです。**野村監督が教えてくれたのは野球のセオリーではなく、人間のセオリーです。**だから、状況に応じ、ここは野球のセオリーには反しているかもしれないが、人間心理を考えればこうくることもあるという風に二重、三重に考えておかなければならないのです。

そもそも野球のセオリーとは、何なのでしょう。野村監督が得意な「とは理論」です。僕の答えは、たかだか人間が考え出したものなので、そこに絶対という意味などない、ということです。

野村監督は野球のセオリーには決して縛られませんでした。たとえば、ノーアウト一塁の場面、左打者なら一塁走者を進めるために引っ張ろうとします。しかし、三遊間が空いていて、アウトコースにくるとわかっていたならば、無理に引っ張ってゲッツーになるよりも、三遊間に流した方がいいわけです。セオリーをまったく無視しているわけではありませんが、ときおりその上を行く野球を求める。それが「考える」ということなのです。

初球論

初球の待ち方はうるさく言われましたが、僕が初球から打つことは滅多にありませんでした。初球打ちは、ひと振りで1点を取れる人の特権です。僕のように長打のない打者は、まずは出塁を考えなければならないので、回の先頭であれば、どんな状況であろうとも1ストライクまではバットを振りません。

いきなりストライクを取られたら不利は不利ですが、チームが勝つ可能性と、自分の役割を考えたら、そこはやはり「待て」なわけです。個人の損得だけを考えたら、それは初球から打ちます。僕も打率は上げたいですから。

野村監督が辞めたあと、真中が1番で、僕が2番を打っていた時期がありました。そうしたら真中が初回、初球を打ってセカンドゴロに倒れた。だから僕はそのぶん、粘らなければならない。真中は次の打席も回の先頭で、また初球をセカンドゴロ。僕はそのぶん待つ。さすがに3打席目は待つだろうなと思っていたら、初球を打ってセカンドゴロ。さすがに「おまえさあ……」と言ったら、真中は「だって、向こうは打ってこないと思ってるでしょ」と。いかにもポジティブな真中らしい意見でした。それはそうなのですが、ひと言だけ言わせてもらいました。「じゃあ、ヒットを打てよ」と。

初球というのは考えれば考えるほど難しい。ましてや第1打席ともなると、考える材料がないので、前の対戦まで遡らなければなりません。リードする側も同じのようです。野村監督も、古田さんも、そこは一致していました。古田さんにミーティングでいちばん教えて欲しいことは何ですかと聞いたとき、「初球で1ストライクを取れる方法。それがわかれば、あとは何とかなる」と話していました。

ところが、そんなバッテリーの苦労を想像もしないのでしょうか、最近の野球を観ていると、どんどんアメリカ仕様に近づいてきている気がします。すごい球を投げて、すごい打球を打ち返すという実にシンプルな野球になりつつある。

広島の1、2番を打つ「菊丸（菊池涼介・丸佳浩）コンビ」は、いわゆる「イケイケ野球」です。終盤、負けている展開で、相手の先発ピッチャーの球数が100球を超えているのに、あまり球数を投げさせずに簡単に2人で2アウトになったことがあります。それで結局、相手も継投するかどうか微妙な状況だったにもかかわらず、先発投手に完投を許してしまいました。さすがに、こんな野球でいいのだろうかと思わざるを得ませんでした。

ただ、今はどこのチームもそういう傾向が強い。初球、ここは当然待つだろうというところでも、スイングしていく。ある監督は「すごいクローザーにファーストストライクを取られたら、もう打てないから、いいんだ」と話していました。しかし、僕は30本、40本ホームランを打てるバッターならまだしも、それ以外の打者は、状況に応じて対処していくべきだと思います。

今の選手を見ていて心配になるのは、彼らが指導者になったとき、どのような指導をするのかということです。おそらく「バーンと振ったらいいんだ」みたいな言い方しかできないのではないでしょうか。そういう豪快な野球もおもしろいのですが、互いに知恵を絞り合った上で、そういうプレーを見たいと思います。今まで何十年もかけて積み上げてきたインテリジェンスと、最新の機器と理論で鍛えたパワーが合わさったとき、日本の野球はさらに魅力的なものになるのだと思います。

内角論

「前の打席でヒットを打ったら同じ球、凡打だったら打った球と逆」という待ち方は、昔はヤクルトの専売特許でしたが、今では広く知れ渡り、日本ではひとつの定石のようになってきています。そうなると今度は、またその裏をかくわけです。それが駆け引きの妙味なのですが、最近はそこまで考えてリードしている捕手が少なくなり、逆に読みにくくなってきました。リードが行き当たりばったりというか、思いつきなわけです。考えた軌跡が見えないと、読みは通用しません。

僕は日刊スポーツ、野村監督はサンケイスポーツで評論を担当しているのですが、二〇一五年八月十三日、ともに巨人—DeNA戦を観戦していて、翌朝、記事をチェックすると、ほとんど同じような指摘をしていました。普段はさほど意識しているわけではないのですが、やはり僕は野村監督の教え子なのだと思ったものです。

巨人のマウンドはエースの菅野《すがの》智之、受けていたのはプロ2年目の若い小林誠司でした。最終回、巨人は2—0でリードしていました。普通に考えれば、完封ペースです。

菅野は1アウト二塁から3番・梶谷隆幸を打席に迎え、初球はアウトコースに外れてボール。ここで小林は、菅野の気持ちを奮い立たせるねらいもあったのでしょう、2球続けてインコースの真っ直ぐを要求し、いずれもストライクで、カウントは1ボール2ストライクになりました。この配球はなかなかのものです。

野村メモには〈内角論〉という章があり、

① 内角球の目的
② 内角を攻めるときの条件
③ 内角を攻めない方がよいとき

と分かれていて、それぞれの項目ごと4~9個の注意点が書かれています。①の中には、

〈配球の中で外角を攻め、逃げの雰囲気をつくったとき〉

とあり、小林の配球はこれに当たります。しかし、首を傾げたのは4球目です。3たびインコースのストレートを要求し、それをライトへ二塁打され、2―1と1点差にされてしまいます。

梶谷はいくら不調だったとはいえ、3番を任されているバッターです。さすがに3球も続ければ、目も慣れ、アジャストしてくるものです。しかも一発だけは避けなければならない場面で、3球も内側を続けるというのはあまりにも軽率です。確かにそれで三振が取れたら格好いいですが、小林は2球インサイドでストライクを取れたことで自分の配球に酔ってしまったのではないでしょうか。

現役時代、僕は中日の捕手・谷繁元信が苦手でした。谷繁がマスクをかぶっているときは、ほとんど打った記憶がありません。彼はインコースの意識のさせ方が非常にうまかったのです。基本的には外角中心なのですが、ときどき使うインコースのタイミングが絶妙なのです。**インコースを意識させるのは、量ではなく質なのです。**同志社大学の後輩でもある小林にはそこのところを学んで欲しいと思います。

マイナス思考のすすめ

試合の話を続けます。梶谷にタイムリー二塁打を許し、なおも1アウト二塁で、4番・筒香嘉智《つつごうよしとも》を打席に迎えます。菅野はまず内のスライダーでファウルを誘います。2球目、3球目は外のシュートが外れ、カウントは2ボール1ストライクに。そして4球目、外をねらった緩いカーブが内側に入り、それをライトスタンドに運ばれて2―3と逆転を許してしまいました。結果的にこれが決勝打となり、巨人はペナントレースの勝負どころで痛い負けを喫します。

筒香に対する4球目も疑問でした。カーブは菅野にとってここぞというときに投げられる勝負球でもないし、緩いボールは長打になりやすく、制球も難しい。しかも、その前に速いストレートを見せていたわけでもない。ただ単に意表を突こうとしただけのように思えてなりませんでした。その答えは、野村監督の評論の中にありました。

監督も梶谷と筒香の4球目に対する疑義を呈していました。梶谷へのインコースに

ついては、

〈強気もいいが、調子に乗りすぎては、いけない〉

筒香への4球目は「快感球」と名付けていました。緩いボールで打者の虚を突き、見逃しストライクを奪うことは、捕手の快感だそうです。最後は、

〈冒険より安全が優先される場面を、覚えてもらいたい〉

と締めくくっていましたが、僕もまったく同感でした。

野村メモの「捕手としての心得」の第5項には、こんなことが書かれています。

〈なぜバッテリーと呼ぶか。投手はプラス思考、捕手はマイナス思考（投手が困ったら助ける立場。危機管理者）。攻め手と受け手の関係は、プラスとマイナスなのだ。主役はあくまで投手。脇役に徹せよ〉

投手が酔ったら、それをコントロールするのが捕手の役割であり、捕手が我を見失ってしまっては元も子もありません。

僕も「超」がつくほどのマイナス思考型人間です。私生活でも、野球でも、いつもまずは最悪の場面を想定してしまう。しかし、だからこそ野村監督の教えが染みこみ、どうすればいいか考える癖がついたのではないでしょうか。今ではこの性格に感謝です。

自分を俯瞰する

野村監督は、積極性を勘違いするなという話もよくされていました。二〇一五年の日本シリーズ第2戦で、こんなことがありました。

初回、ヤクルトは先頭の上田剛史《つよし》がレフト前ヒットで出塁し、初球、いきなり盗塁をしかけて楽々アウトになってしまいました。おそらくソフトバンクの先発投手バンデンハークのフォーム等を事前に研究し、最初から走る準備をしていたのでしょうが、想像と実際は違うものです。自分の肌で感じてからでも遅くはなかったのではないでしょうか。しかも捕手はアウトコースに構えていました。盗塁を警戒し、もっともスローイングのしやすい外の直球を要求していると考えるのが自然です。それらの条件を考えると、初球から行くのは勇気ではなく無謀と言ってもいい。スタートも非常に悪かった。だったら、戻ればいいのですが、戻る余裕もなかったのでしょう。

逆に1回裏、ライト前ヒットで出塁したソフトバンクの先頭・福田秀平は、ヤクルトの先発・小川泰弘から牽制球を3球もらいつつ、クイックモーションもはかりながら、2ボール1ストライクからの4球目に走って盗塁を成功させました。このプレーが流れを引き寄せた。本来、ヤクルトはこういう緻密さでは負けてはいけないはずなのに、そこでも負けていました。

現役時代、故障しているときにバックネット裏から野球を観戦していて「この視点を持てたら楽しいだろうな」と感じたことがあります。もう一人の自分が自分を俯瞰《ふかん》しているのを感じながらプレーをするわけです。自分で自分のプレーを実況中継しているような感覚にも近い。そのように**自分を客観視できる能力を専門用語で「メタ認知」と言います**が、上田にその能力があれば、初球に仕掛けることで頭がいっぱいで、周りの状況がまったく見えていない自分に気づけたと思うのです。

僕はショートを守っているときも、打者走者が今、どれくらいのところまで走ってきているかを感じながらプレーしていました。ゆっくり走っていたら、余裕を持って確実に処理し、その逆だったら多少リスクを負ってでも素早いプレーを心がけました。

だからときどき、大事に捕球し過ぎて、送球してみたら走者が意外に速くセーフになってしまったというようなプレーを見かけますが、あの種類のプレーは信じられないのです。

考える野球を実践するには、メタ認知を磨く必要があります。

余談になりますが、この章の最後に、僕が引退を決めたとき、野村監督の家へあいさつにうかがったときのエピソードを紹介したいと思います。自宅に上がると、野村監督は、パンツと肌着という恰好で、高校野球をテレビ観戦していました。高校野球の世界でも今では、「ゴロゴー」や「ギャンブルスタート」といった野村監督が編み出して命名した作戦は、すっかり浸透しています。野村監督はお酒も飲まないし、ゴルフもしないし、ギャンブルもしない。仕事も趣味も、野球だけなのです。高校野球の話をしつつ、1時間ほど滞在させていただいたのですが、野村監督の頭の中は今でも野球のことでいっぱいなのだなと思ったわけです。

第二章

鈍感は最大の罪

野村克也

三つの「カン」

世の中には、なるほどなと思える名言がたくさんある。あるとき、「人間の最大の悪は何であるか」というフレーズにぶつかった。瞬間、本から目を離して考えたが、出てこない。続きを読むと「鈍感だ」と書いてあった。この言葉は胸に刺さった。確かに鈍感な人間は、もっとも厄介である。

プロだから投げる・打つ・守る・走るといった技術は、そんなに変わらない。何によって差が出てくるかというと感性である。感じることができなければ、考えることもできないからだ。

同じ「カン」でも、私は、三つのカンがあると思っている。「感」と「勘」と「観」だ。

「感」は、目、鼻、舌、耳、皮膚の五官を通してもたらされる感覚のことだ。そして、その五感を磨き、突き抜けると、第六感と呼ばれる「勘」が得られる。

3つ目の「観」は、感と勘で得られた経験をもとに、「大局観」という言葉に代表されるように全体の流れの中で物事を判断する能力のことである。

同じ「観」でも、もっともいけないのは固定観念と先入観だ。鈍感同様、私はいつも**「先入観は罪、固定観念は悪」**と言って戒めている。

それでもときおり、惑わされることはある。二〇一五年、セ・リーグとパ・リーグでトリプルスリーを達成した山田哲人《てつと》と柳田悠岐《ゆうき》もそうだ。山田の体を見て、ホームランバッターになるとは、普通は思わない。

柳田のスイングも、昔なら絶対に直されていたと思う。アッパースイングもいいところである。昔、東映の大杉勝男に飯島滋弥《しげや》打撃コーチが言った「月に向かって打て」というセリフを思い出す。まさに月に向かって振っている。ところが、超スロー映像を見ると、当たる瞬間だけはレベルスイングになっているのだ。あれは昔の映像技術ではわからなかったと思う。

ミーティングは選手の感性をはかるのにもってこいの場だ。私はいつも「興味のあるやつは聞いていればいいし、ないやつは寝ていればいい」と言ってから話していた。それは私が彼らの存在を無視していたからではない。

見ない振りをしつつ、じっくりと観察していたのだ。野球とは関係のない話であるにもかかわらず、食い入るように聞いているやつは見込みがある。逆につまらなそうな顔をしているやつはだめだと思っていた。あとはヒーローインタビューや、選手同士の会話にも、聞き耳を立てていた。私と直接会話をしているときは誰もが自分をつくっているので参考にならないからだ。

その点、宮本はしっかりしていた。字も野球選手にしては、丁寧で、実にきれいだ。彼は机の上でも集中力を持続できる選手なのだとわかった。彼は守備力以外にも武器を持っていた。それが感性である。

執念があれば、走者の心理も見抜ける

人間の五感は執念があれば、驚くほどの能力を発揮するものだ。それこそ、もはや第六感の域だと言っていいだろう。

キャッチャーである私は現役時代、ヒットエンドランや盗塁のサインが出ていると

きは、だいたい感じ取れた。そういうときはピッチャーにボールを外させ、余裕を持って二塁でアウトにしていた。

あるコーチが私のところにやってきて「サイン、ばれてる？」と聞いてきたことがある。企業秘密だと言って突っぱねたが、サインを見破っていたこともあったが、それよりも走者の動きから察するときの方が多かった。人間とはつくづく感情の動物だと思うが、走るときというのは、どこかに小さな変化が出るものだ。わかりやすいところで言えば、ちらりと二塁ベースに目をやるとか。

牽制球の目的は三つある。一つはアウトにすること、もう一つはスタートを遅らせること、三つ目は走者の心理をはかることだ。ピッチャーにいつもよりセットの時間を長くさせて、そこから素早い牽制球を入れると、だいたいわかったものだ。

もちろん、ベンチから見ていても、だいたいわかる。ヤクルトの監督時代、阪神との最初の3連戦で、全部、盗塁を刺したことがあった。吉田義男さんが監督をしていた頃だ。そうしたら、吉田監督は、それから1年間、盗塁とヒットエンドランのサインを出せなくなってしまった。

「片目でボール、片目でバッター」

感じろといっても、センサーを働かせる習慣のない選手は、どこを見ればいいかわからない。だから鈍感な人間には感じる力を植えつける必要がある。

感性は先天的なもので、教えることはできないと言う人もいるが、観察のポイントを根気強く教えていればやがて身についてくる。

たとえばキャッチャーには「片方の目でボールを見て、もう片方の目でバッターの反応を見ろ」と言った。これを言うと大抵、驚くが、慣れればできるようになる。

打つ気のあるバッターは、目の前をボールが通過すれば、外れていてもどこかがピクリと動く。それを探るのに最適なのは、ストライクからボールになるスライダーだった。反応がやや早いと真っ直ぐねらいなのだと察しがつく。余裕を持って見逃したときは、緩い変化球を待っているのだとわかる。

ただ、そうしたねらいも一打席の中で変わることがある。もっともわかりやすいのは2ストライクに追い込まれたときだ。その投手のウイニングショットがフォークだとしたら、それまでストレートに張っていても、フォークのイメージがちらつくようになる。あとは変化球にまったくタイミングが合わずに空振りしたときも打者としては考えを修正したくなる。バッテリーとしては当然、同じ変化球を続けたくなるが、それではあまりにも見え見えなので、裏をかいて速いボールを投げたくなるからだ。

追い込まれたときと、変化球の無様な空振り。捕手は、まずはこの二つのケースに注意を払うことから始めればいい。

そうして感じるための情報を得ていけば、考える癖がつき、自然といろいろなものを感じ取っていくようになるはずだ。

ただし、執念がなければだめだ。**私は選手にいつもプロ野球選手になったら、この三つだけは絶対に禁句だぞと言っている。「妥協」「限定」「満足」だ。**

俺はこんなもんだという安っぽい見切りをすることは、自分もそうだが、自分を生んでくれた親に対する裏切り行為でもある。

選手の感性をはかるのに、実は私がもっとも重視していたのは親を大事にしているかどうかだった。感じる心の根っこは、親への感謝である。

宮本慎也

「感性とマイナス思考は比例」

僕の強みは、どんなジャンルのことにも興味があることだと思います。野村監督のミーティングの中で出てきた哲学や、心理学や、歴史など、眠くて仕方がない日もありましたが、どこかに野球に生かせる話があるのではないかと探ってしまうのです。性格を疑われそうですが、僕の特技は盗み聞きです。僕はこの特技によって、かなり得をしています。

ヤクルト時代、そのターゲットになっていたのは古田敦也さんです。僕が知る限り、もっとも頭のいい野球選手でもあります。最初の頃は、恐れ多くて話しかけられなかったので、古田さんが誰かと野球談義をしているところへ、スパイクを磨く振りをして近づいていったりしていました。

バッティングフォームも見よう見まねで、すぐに真似していました。だいたいチームに一人は形態模写が得意でチームメイトやプロ野球選手の真似をしては笑いを取っている選手がいるものですが、僕はまさにそういうタイプでした。

そういう意味では器用な方だったと思うのですが、圧倒的な力があるわけではないので、そこを感性で補っていたのだと思います。

先ほども僕がいかにマイナス思考型の人間であるかについてお話ししましたが、**感性の豊かさと、マイナス思考の強度は、ある程度まで、比例するのではないかと思います。あれこれ感じてしまうから、不安になるし、怖くなる。**

だから僕は経験を積めば積むほど、試合で緊張するようになっていきました。「経験」とはだいたいプラスの材料として語られますが、そんなことはないと思います。経験の中には当然、失敗した記憶も入っていて、経験が豊富だからこそ、怖さを感じるということもあるはずです。力が落ちてきているのを感じながらも、しかし、若手の前で下手なプレーはできないというプレッシャーもあったと思います。

選手生活の晩年は、緊張しているのにどっしりとした振りをしていなければならず、でも、そうして無理をしているからでしょうか、さらに緊張しているようなところがありました。開幕戦の第1打席などは、相手のキャッチャーに気づかれるのではないかというほど足が震えていたものです。

そんな性格なので、交流戦が始まると、よく「ダルビッシュとの対戦が楽しみです」みたいな言い方をする選手もいましたが、僕はいい投手との対戦が楽しみだと感じたことは一度もありませんでした。どうやったら打てるかを考えるのでいっぱいいっぱいでした。

僕はプロ野球人生の中で、相手を見下ろしてプレーしたことがありません。自分がプロ野球でやっていけるという確信も持てぬまま、現役を終えてしまった感がありました。

プラス思考の落とし穴

二〇一五年秋に開催された「プレミア12」の準決勝、韓国戦で気になるプレーがありました。

断トツ優勝候補の日本は8回を終え、3－0と韓国をリードしていました。ところが9回に4失点し、逆転負けを喫してしまったのです。

　試合後、なぜ7回まで好投していた先発の大谷翔平を代えたのかとか、8回からリリーフとしてマウンドに上がった則本昂大《たかひろ》をなぜ9回も続投させたのかとか、継投策に批判が集中しました。しかし、その批判も間違ってはいないのでしょうが、僕がもっとも理解しがたかったのはそこではありません。

　僕がいちばん気になったのは、ノーアウト一、二塁の場面で、1番・チョン・グンウに、三塁線を抜かれ、1点返された上に、なおも二、三塁とされた場面でした。僕は三塁方向にゴロが転がった瞬間、「あ、ゲッツーだ」と思ったんです。そうしたら三塁手の松田宣浩《のぶひろ》が横っ飛びしたので、「あれ？」と。実際は三塁線が大きく空いていました。

　あの場面、いちばん気をつけなければならないのはホームランです。2番目は、長打で点が入り、打者走者がまた得点圏に行くことです。そうなると、もう同点を覚悟しなければなりません。そうさせないためには、外野は状況にもよりますが、深めに守るか、あるいは右中間と左中間を締め、内野は一塁線と三塁線を締めるのが鉄則です。

　しかし、あそこは松田ではなく、ベンチの判断で三塁線を締めなかったそうです。

則本は球威があるので極端に引っ張ることはできないだろうと踏んだようですが、彼が変化球を投げることもあるわけです。実際にチョン・グンウには、フォークボールを引っかけられて、三塁線を破られました。

セオリーはあくまでセオリーですが、情報が少ない国際大会で、そのセオリーを無視するのはもっとも危険なことなのです。

僕はあの場面を見て、ベンチは楽観視したのだなと思いました。3点リードしているので、どこかに余裕があって、あわよくばゲッツーを取ってやろうと欲をかいたのだと思います。プラス思考の発想です。そのため、最悪のケースを想定し、まず何を防がなければいけないのかを判断する危機管理センサーが作動しなかったのでしょう。

個々の選手が前向きで大胆なのは何とか制御できます。しかし、その選手をコントロールするベンチがプラス思考に走り始めると、往々にして、こういう勝ちゲームを落としてしまうのです。

強いチームは、勝ち試合は絶対に落としません。野村監督は石橋を叩いても渡らないような慎重さも持ち合わせていました。

仁志は走る前、えくぼができた

打撃や守備だけでなく、走塁も一生懸命研究しました。僕のような選手は、どれが極端に劣っていても、いけないのです。

二〇〇〇年に工藤公康さん（現・ソフトバンク監督）がダイエーから巨人に移籍してきたとき、「走るか走らないか、いちばんわからないのが宮本だ」と言われ、すごく感慨深かったのを覚えています。ようやくそう言ってもらえる選手になれたのかな、と。

走るか走らないか、それを相手に悟らせないためにもっとも手っ取り早いのは、全部、行く振りをすることです。体重を右足にかけ、走るぞ、走るぞ、という雰囲気を出し続けるのです。ピッチャーが動いたら、盗塁のサインが出ていない限りは、すぐに一塁に戻ります。すぐ戻るという保険をかけているからこそ、そうしたリスクの高いリードを取れるわけです。そのリードを自分のものにできるようになってから、余裕が出てきて、自分なりにいろいろな工夫ができるようになっていきました。

顔はピッチャーの方を見て、視線だけキャッチャーの方を向いて牽制のサインが出るのをチェックしていたこともあります。牽制のサインはけっこう簡単なものが多いので、すぐにわかるのです。ただ、そうしてキャッチャーのサインを覗いているときに牽制球を投げてくる場合もあるので、そういうときは一塁コーチャーに「わぁ！」と大声を出してくれと頼んでいました。声が大きければ、条件反射で戻れますから。

ただ、最近は一塁走者がキャッチャーのサインを見るというのは当たり前になってきて、なかなか牽制のサインを見破れなくなってきました。

エンドランや盗塁のサインが出ていないときも、自分なりにあれこれやっていました。たとえばいかにも何か仕掛けてきそうなボールカウントになったら、牽制のとき、逆をつかれた振りをしてから一塁に戻るんです。ただし、それでアウトになったら元も子もないので、リードは普段より小さめにします。頭のいい投手は、そこを見抜きます。これは演技だな、と。ただ、そこまで意識の回らない投手は何度も牽制球を投げてきます。

それもこれも野村監督の教えなのですが、今はどこでもやるようになってきてしまったので、あまり通用しなくなってきました。

そんな僕も入団後しばらくは、野村監督から「おまえは走るか走らへんかすぐわかる」と言われ続けていました。サインが出た瞬間、雰囲気でばれるというのです。僕も今、放送席や記者席から試合を観ているのですが、上の方から観戦できる球場のときは「次、走るな」とだいたいわかります。その理由を口で説明するのは難しいんです。野村監督も「雰囲気だ」と言っていましたが、僕もそうとしか言いようがない。ベンチにいたときは、一塁走者を見るのなら、三塁側からの方が雰囲気がわかりやすかった。

古田さんは昔、巨人の仁志敏久が走るときはわかると言っていて、その理由を聞くと「走る前、えくぼができる」と言っていました。 一流と呼ばれる人は、それぐらい感性が優れているということです。

野村監督の薫陶を受けていたので、ヤクルトの選手たちは、投手の癖を盗むのもうまかったと思います。

新しいピッチャーが出てきたら、少しでも早く癖を見つけ出そうと、みんなで見ていました。最初はぜんぜんわからないのですが、得意な人に「グローブの動きを見るといいんだ」とか聞いているうちに、着眼点がわかってくる。

金森栄治さんは見抜くのがとても上手でした。僕が入った頃は、もうベテランだったので、みんなに教えてくれました。おそらく、若いときだったら、教えてくれなかったのではないでしょうか。

入団1年目、ヤクルトと優勝争いをしていた広島に山内泰幸という新人投手がいまして、彼は振りかぶるとき目線でボールを確認したらストレートで、何もしなかったら変化球という妙な癖がありました。それまでは苦手にしていたのですが、癖に気づいてから、ガンガン打て出したんです。

妙だと言うのは、本来は逆だからです。変化球のとき、握りを確認するためにボールを見るのならわかります。しかし彼は確認する必要のないストレートのときに見るのです。おそらく最初は、相手を惑わすつもりでやっていたのでしょうが、知らぬ間にそれが癖となっていたのだと思います。

二〇一五年で引退した中日の山本昌投手も、ようやく言えますが、やはり癖がありました。振りかぶったとき、口をキュッと結んでいたらストレートで、反対に緩んでいたら変化球でした。ただ、セットポジションになると、出るときと出ないときがあったのでわかりませんでした。

昔と違い、最近いちばん厄介なのはWBCやオリンピックで日本代表が編成されることなんです。チームメイトになった以上、癖がばれる怖れがあるときは、それを周りの選手に教えないわけにはいかないのです。

第四章

適材適所

野村克也

「変わる勇気」

今までやってきたことを変える――。これは大変な勇気を必要とする。プロに入ってきたような選手は大抵、俺はこのやり方でやってきたのだというプライドがあるからだ。しかし、それを取っ払わないと進歩はない。**人が「あいつ、よくなったなあ」というとき、つまりは「あいつは変わったなあ」ということである。**

通常、変えようと思うと、まずは恐怖感に苛《さいな》まれる。今まで2割5分打っていたのに、さらに打てなくなるのではないかとマイナス思考になる。

ところが、こうすれば必ずよくなるとわかっていても変化を怖れるのが人間という生き物のようだ。それを心理学用語で「ヨナ・コンプレックス」と呼ぶ。手を伸ばせば夢に届くのに、変わることに不安を覚え、躊躇《ちゅうちょ》してしまう。結婚前の女性が陥る「マリッジブルー」なども、そのうちの一つなのかもしれない。

人間の遺伝子の中には、冒険者や革命家は早死にし、自分の生活を変えなかった人たちの方が長生きしてきたという記憶が埋め込まれているせいだという説がある。

しかし、それとは反対に、成長欲求を持っているのも人間の本質である。変わりたくないけど、変わりたい。つくづく人間とは厄介な生き物だ。

ヨナ・コンプレックスを乗り越え、成長欲求を満たすのに最善の方法。それは「スモールステップ」だ。恐怖心を覚えないよう、少しずつ変えるのだ。

急激にダイエットをするとリバウンドするのは、あれは一種の防衛本能だからである。体が栄養補給が途絶えたことに危機感を覚え、飢餓状態を引き起こすのだ。したがって、大丈夫だよ、体に無理のない範囲でダイエットするんだよ、と言い聞かせるように、少しずつ食生活を変えた方がいいのだ。

私がよく選手に試させたのは道具を替えることだ。道具を替えれば、否応なく、変化を少しずつ意識に働きかけ続けることができる。

南海時代、藤原満という三塁手がいたのだが、彼は近畿大学時代、3番打者だった。しかし私は、プロでは長距離打者としては通用しないと判断し、「ホームランを1本打つよりも、ヒットを10本打て」と、用具メーカーに規則の範囲内でもっともグリップの太い「すりこぎバット」と呼ばれるバットをつくってもらい、彼に与えた。ヘッドは利かせにくいが、そのぶん、バットコントロールは巧みになる。そして「これを使うのならスタメンで使ってやる」と言った。彼は最終的に南海ひと筋で14年間プレーし、2度の最多安打のタイトルを獲得するほどの「安打製造機」に生まれ変わった。

ヤクルト時代は飯田哲也や宮本、阪神時代も赤星憲広などにすりこぎバットに替えさせて、彼らは自分たちの居場所を手に入れた。

リーダーは変化を促す気づかせ屋

私はよく「野村再生工場」と言われたが、「気づかせ屋」と呼ばれたかった。人は誰しも自分の背中を見ることはできない。そこで、おまえの背中はこうだよと教えてやって、変化を促す。それが監督の仕事なのだ。

ヤクルト時代に、川崎憲次郎という投手がいた。津久見高校時代、剛速球で鳴らした投手で入団2年目から2年連続で2桁勝利を挙げ、ローテーションに定着した。しかし故障もあって速球に以前の勢いがなくなってからも、それまでと同じ感覚でインコースに真っ直ぐを投げ、打ち込まれるということが続いていた。

投手がアウトを取る方法は三つある。フライか、ゴロか、三振だ。この三つのうち、どの道を選ぶかによって、投手の人生は決まる。

もっともいいのはゴロを打たせることである。1球で仕留められる可能性があり、かつ、ホームランになる危険性がないからだ。

しかし、投手は習性としてどうしても三振を取りたい生き物のようだ。投手の後ろには7人も守っているのだ。学生野球で、打たせるとエラーが怖いというのならまだしも、彼らはプロである。三振は彼らの仕事を奪うことだと言ってもいい。

技巧派と呼ばれることは、投手のプライドに傷が付くようだが、日本一の技巧派になればいいのだ。

ピッチングの極意は、空振りを取ることではなく、芯を外すことだ。私は川崎を再生させるために、こう説いた。

「おまえ、どういうつもりでインコースの真っ直ぐを投げてるんだ？　俺はヘボな4番バッターだったけど、追い込まれるまではホームランにできるインコースの真っ直ぐしか待っていなかったんだぞ。そんな打者にとって、もっとも嫌なボールは何かわかるか。それはシュートや。インコースから、ほんの少し体に食い込んでくるだけでも嫌なんや。打者がもっとも嫌がるということは、投手にしてみたら最大の武器やないか」

また彼はシュートを投げるとヒジを痛めるという迷信を怖れていた。その誤解を解くために、かつてシュートピッチャーとして活躍していた巨人の西本聖《たかし》が評論家としてキャンプに来ていたときに川崎に話をしてもらった。西本は言った。

「ヒジなんか壊すはずがない。シュートなんて、人差し指にちょっと力を入れるだけでいいんだ」

一流と呼ばれる人は、実に簡単に物を言うものである。

その後、シュートをマスターした川崎は一九九八年に自己最多となる17勝を挙げ、最多勝と沢村賞を獲得している。

投手として、速い球で空振りを取ったり、打者のバットをへし折ることほど自尊心を満たしてくれるものはない。しかし川崎はそのプライドを捨てた。そして、シュートという武器を手に入れたことで、これまで見えていた世界の色が一変したはずだ。

一芸は道に通じる

野球選手は本能として、ピッチャーなら速い球を夢見るし、バッターなら遠くへ飛ばすことを夢見る。私も経験しているが、ホームランを打ち、ベースを一周するときの快感といったらない。何回経験しても、いいものだ。その味が忘れられないから、ホームラン病にかかる。しかし、速球投手とスラッガーは育てるものではない。あれは生まれ持ったものだ。

速球投手や、長距離打者ばかりが一流というわけではない。短距離打者の一流だっている。ホームランの魅力を捨てきれない選手には「脇役の一流になれ」と言い聞かせたものだ。

企業においても、限りある資源を有効に使えば使うほど利益率は上がる。つまり、適材適所だ。チームも同じで、プロに入ったからには、何か一つは才能があるのだ。その才能を輝かせることができる場所を見つけてやることで、チームは強くなる。

役者の世界でもスターは案外短命だが、一度も主役を張ったことがなくても、老齢になるまで仕事が途切れない役者がいる。つまり、**監督にとっては、名脇役は主役以上に得がたい存在なのだ。**

プロで生き残るのには、一にも二にも、一芸に秀でることだ。だから、打者であれば、まずは長距離打者で生きるのか、短距離打者で生きるのか、どちらかに決めなければならない。正しい努力の方向性を定めるのだ。短距離打者が飛距離を伸ばそうと努力することなど、ウサギが空を飛ぶ努力をするようなものだ。ウサギが生き残るためには、さらに速く走るための練習をすべきなのだ。

一芸という点では、宮本ははっきりした選手だった。編成部に「いいショートを獲ってほしい」と頼んだら、「バッティングに目をつむってくれるならいる」と。捕手とショートは守備力優先だから、それでも構わないと言った。宮本には冗談でよく「自衛隊でいい」と言ったものだ。守りだけに専念せい、という意味である。

古田を獲ったときも、やはり守備はいいが、バッティングはさっぱりだという評判だった。しかし、不思議なもので、彼らはいずれも後に2000本安打を記録している。大学、社会人を経由して、2000本に到達したのは彼らを含めわずか3人しかいないという大記録だ。

一芸は道に通じるというが、**一つのことを極めた選手は、やはり他の分野でもやがて頭角を表すものなのかもしれない。効率よく技術を修得する法則を知っているし、自分に自信があるから他の技術を磨く余裕も生まれてくる。**

一九九七年の日本一は、宮本という最高の脇役が育ってくれたことが大きかった。彼は状況判断の連続である野球というスポーツにおいて、自己を犠牲にし、常にベンチの期待する役割を担ってくれた。私が退いた後、二〇〇一年に宮本は1シーズン67犠打の日本記録を打ち立てたが、これはいわば宮本にとってアカデミー助演男優賞の「オスカー像」だといっていい。

彼は通算2000本安打と、400犠打を同時に達成した。つまり制約の中で、個人記録も積み上げた。日本球界で2000本安打と400本塁打をマークした選手は私も含め15人もいるが、2000本安打と400犠打を両方成し遂げたのは宮本ただ一人だ。

宮本慎也

「セールスポイントを一つ以上持つ」

最初のキャンプでシートノックを見たとき、正直、守備だけはプロでも通用するなと思いました。野村監督はミーティングで〈プロ野球で生き残るための15ヵ条〉という話をされ、その第8条で**〈セールスポイントを一つ以上持っていること〉**という条件を挙げました。

ピッチャーであれば、球が速いとか、コントロールがいいとか、サウスポーであるとか。野手であれば、足が速いとか、肩が強いとか、遠くへ飛ばすことができるとか。スカウトが選手のどこを見ているかと言えば、そこを見ているわけです。**バランスのいい選手であっても、オール3ではダメです。1とか2があっても、5が一つある選手の方が魅力があります。**

野村監督はコーチなどによくこんな質問をするそうです。「『2割5分で10本塁打』

の選手と、『3割0本塁打』の選手、どっちがいい？」と。野村監督の答えは「3割0本塁打」の方です。僕も同意見です。たとえ打率2割でも40本打つというのだったら迷います。つまり、それがセールスポイントということなのです。長打はないけど打率が高いとか、打率は低いけど長打があるとか。

僕は1年目、野村監督から「8番・ショートをやるから、とにかくしっかり守れ。打率は2割5分でいい」と言われました。つまり、守備だけは認めてくれていたのです。

僕が入団した当時、サードの馬場敏史《としふみ》さんや、センターの飯田さんも守備固めで起用されることが多く、僕も含めてゲーム終盤、3人が起用されることがよくありました。3人ともゴールデングラブ賞の受賞経験者です。そんなときは野村監督に「さあ、行け！　自衛隊！」と言われたものです。

その頃、僕は悠々間に合うようなゴロでも、とにかく素早く捕って、素早く投げることを心がけていました。動きを速くすればするほど、ミスを犯すリスクは高まるのですが、そうして少しでも「あいつはやっぱり守備がうまいな」と思わせようと必死だったのです。

入団会見恒例の集合写真を撮影するとき、僕と野村監督の間で、こんなやりとりがありました。1位指名選手と2位指名選手で野村監督を挟んだのですが、僕は身長176センチ、体重70キロと体の線がまだ細かったので「そんなんで野球できるのか」と。「足は速いんか?」と聞かれたので、「はい」と答えました。50メートル走は6秒程度なので、そこまで速いわけではないのですが。続けて「肩は?」と聞かれて、「強いです」と。肩もさほど強いわけではないのですが、はったりをかましたというか、ちょっと嘘をつきました。

ただ、僕はスローイングの正確さには自信がありました。ボールを握り損ねても、指先の感覚で微調整して、ストライク送球ができるのです。どういうことかというと、ちょっと中心からずれて握ってしまったので、これはシュート回転するなと思えば、その変化を計算に入れて投げていました。

昔はみんなできるのかと思っていましたが、大きくなるにつれ、これはひとつの才能なのだと気づきました。19年間のプロ野球生活の中で、僕と同じ能力を持っていると確信できたのはチームメイトの古田さんぐらいです。古田さんはセカンド送球の際、わしづかみでも正確なスローイングができるぐらい指先の感覚が優れていました。

ややや話は逸れますが、二〇〇六年のWBC、〇八年の北京五輪で川﨑宗則選手とともにプレーをしました。当時、ソフトバンクではばりばりのレギュラーだったにもかかわらず、彼は率先して裏方の仕事をこなし、ベンチでも大声を出して盛り上げてくれました。彼がすごいのは、それでいて試合に出ても、きっちり仕事をするところです。**彼はベンチの中にいるときもグラブを外しません。そうしていつも一緒にプレーしているつもりでいるから、いざ試合に出ても落ちついてプレーができるのでしょう。**

彼のスタイルはアメリカに渡ってからも変わりませんでした。持ち前の明るさでムードメーカーとなり、二〇一五年のプレーオフでも登録を外れていたにもかかわらず、ベンチ入りが許されました。彼は試合にこそ出ていませんが、立派な「戦力」となっていました。川﨑をベンチ入りさせたいという監督の気持ちは、一緒にプレーした僕には非常によくわかります。

一流の脇役

入団時、守備以外は、まったくレギュラーの水準に達していませんでした。打撃練習をしていても他の選手と比べると、ぜんぜん打球が飛ばないのです。体もまだまだ小さく、プロの体になっていませんでした。

僕のような選手がどうすればレギュラーになれるのか、それを教えてくれたのは野村監督でした。僕はつくづく最初が野村監督でよかったと思っています。僕は社会人野球経由で、25歳のときにプロ野球選手になっているので、守備固めだけでは10年もプレーさせてもらえなかったでしょう。遅くとも2年目ぐらいでレギュラーを奪取しなければ10年以上、プレーはできないと思っていました。だから入団3年目とか4年目に野村監督に教えてもらっていたら、もう間に合わなかったかもしれません。

野村監督はミーティングの中で、「一流の脇役」という言葉を使われました。その言葉を聞いた瞬間、「これだ！」と思いました。

脇役とは自分よりもまずはチームのことを考え、バントも、流し打ちもこなせ、三振が少なく、どんな作戦にでも対応できる選手のことです。オープン戦とかではよくやりましたが、三塁を新外国人選手が守っていたら、セーフティーバントを仕掛けるのも脇役の役割です。何も考えずに打ったら、「守備力を見てやろうぐらいの犠牲心はないのか」と一度、怒られたことがありました。自分の調整は二の次でいいのです。

脇役は、どんなにがんばっても主役にはなれない。むしろ、その主役を引き立てることによって、初めていぶし銀に輝くことができる。

野村監督はよく「努力してできることと、できないことがある」とおっしゃられていました。それは僕にとっては長打でした。

社会人時代にホームランをばんばん打っていたら、脇役になれと言われてもピンとこなかったかもしれません。でも、もともとアマチュア時代から1番とか2番を任されていたので、ホームランどころかヒットもそんなに打てないと思っていました。ですから、僕もアベレージヒッター用のグリップの太いバットに変えさせられたのですが、当たり前のように納得していました。

それまでも飯田さんが捕手からセンターにコンバートされて成功したり、土橋さんが外野から内野に回されて開花したりと、野村監督が決めた配役に従っていれば間違いないのだという思いもありました。

ただ、こんなことがありました。1年目の秋季キャンプで、野村監督にスイングをするときはバットに重い鉄製のリングをはめるよう言われていたのですが、僕のバットはグリップエンドが太すぎて、そのリングが入らなかった。仕方なくリングをはめずにスイングしていると、野村監督に「なんでおまえはリングを付けないんや」とにらまれました。かなり焦りました……。監督が使えと言ったバットではリングが入らないのでとは言えないので、それからは、ぎりぎりリングが入る、まあまあ太めのバットでスイングするようにしました。

「変化」は「勝負」

野村監督はよく「変化」という言葉を使っていらっしゃいました。変化しなければ進歩はない、と。ミーティングで〈変化論〉というテーマがあり、僕のノートには、

〈変化することの怖れを捨てよ〉
〈変化こそ生命の本質なり〉

と書いてあります。

外国人選手などもそうです。積極的にコミュニケーションを取り、日本の野球を研究して変わろうとする選手は結果も出やすい。逆に俺はメジャーでやってきたのだと、これまでのスタイルに固執する選手はすぐに帰国してしまいます。

確かに、生物学上、人間は変わることを怖れる生き物なのでしょう。野村監督は、**人間の意識のうち顕在意識はわずか10％しかなく、潜在意識が90％を占めるのだ**という話もしていました。

つまり、顕在意識で変わろうと思っても、潜在意識は変化を拒否していたら、そちらの方がはるかに力は強いので、結局、引っ張られてしまうわけです。ダイエットや英会話の勉強でも、やろうと思っても続かないのは、要は潜在意識まで響いていないからなのです。

第一章で紹介した心理学者のマズローもこんな言葉を残しています。

〈最高の自分を発揮する力を抑制する癖が、半ば常習となっている〉

せっかく才能があっても変わる勇気を持てなかったばかりに、結果を残せずにプロ野球界を去って行く選手も少なくありません。

潜在意識に訴えるには、覚悟を決めて、とにかくコツコツとやるしかありません。

〈習慣は才能より強し〉

これは野村監督の教えですが、まさにこれです。変化を習慣にしてしまえばいいのです。

僕はプロ入り後、変わることには抵抗はありませんでした。今のままではレギュラーになれないと思っていたので、丁か半か、みたいな心境でした。変化して百になるのか、それともゼロになるのか。ちまちまやって終わるのだったら、勝負をかけて終わる方が後悔はないと思ったのです。だから僕の中で「変化」とは「勝負」というイメージなんです。

もう一つ言えば、「変化」とは「破壊」です。打ち方を少し変え、1週間ぐらいで元に戻してしまう選手もよく見かけますが、そういうタイプは見込みがないと思います。そういう選手は決心が潜在意識まで届いていません。変えたつもりになっているだけです。

本気で変えようと思ったら、自分を壊すぐらいの覚悟で、最低でも1ヵ月から2ヵ月は継続しなければ意味がありません。

二〇一五年十二月、水球の日本代表が32年振りに五輪出場を決めました。聞けば、大本洋嗣さんというヘッドコーチが、これまでの常識を覆す世界初の「パスライン・ディフェンス」と呼ばれる超攻撃的なディフェンスを2年がかりでチームに浸透させ、それが奏功したようです。

簡単に説明すると、水球のセオリーでは、ゴール前ディフェンスの際、パスをもらおうとゴールに背を向けている相手の背中につきます。そうすればパスを通されても、そこからシュートを妨害できます。しかし、大本さんは、背後ではなく、前につかせたのです。そこでパスをカットできれば速攻につなげられるからです。ただし、パスが通ればいとも簡単にゴールを決められてしまうというリスクを負います。しかし、体の小さい日本人はどんなにがんばっても結局は手の上からシュートを打たれてしまう。だったら、失点のリスクを覚悟し、1点でも多く取るためにパスカットに全力を注ごうと考えたそうです。つまり、点を取られてもいいから、それ以上に取り返すという捨て身の戦術です。

この新戦術を浸透させるまで「常識」「固定観念」といった大きな壁が何枚もあったことでしょう。その大変さを想像すると、頭が下がります。しかし、彼らは変われたからこそ、32年の重い扉をこじ開けることができたのだと思います。

主役になりたかった脇役

僕は野村監督に「一流の脇役」だと誉められましたが、所詮、脇役だという思いもあります。やはりバントをするより、ホームランを打つ人の方が素直にすごいと思います。

僕は歴代3位となる通算408犠打を決めましたが、その中で、本当にしびれる場面でのバントというのは50個もないと思います。そもそも序盤からバントのサインを出されるということは、それだけ信頼されていない証拠でもあります。そこはどう考えても４００本ホームランを打っている選手の方が上です。僕は２０００本安打達成者の中では、通算本塁打は最少の62本です。

僕はいつか主役になりたいけどなれない脇役だったから、19年間プレーできたのだと思っています。

僕には息子が一人いて、子どもたちに野球を教えているとき、他の父兄に「お子さんも宮本選手のようになるといいですね」とよく言われるのですが、とんでもありません。なれるものなら１６０キロ投げる投手になって欲しいし、ホームランをばんばん打てる打者になって欲しい。僕も小さい頃は巨人ファンだったので、王貞治さんや、原辰徳さんに憧れていました。ＰＬ学園に入ったときも、先輩である清原和博さんのようなバッターになりたいと思っていました。

でも、ある程度のレベルに達すると適材適所、役割に応じて自然と選り分けられていく。小さいときからバントばかりやったり、右方向に打っていたりしたら、プロ野球選手にはなれません。

ですから、まだ何もしていないうちから脇役を目指す必要はないと思います。変わらなければいけないときというのは、絶対、何かで失敗するなどして頭打ちになるものです。大事なのは、そのときの自分の実力を言い訳したりせず、認めることです。

野村監督は、

〈言い訳は進歩の敵〉

ということも繰り返し言っていました。

最近、地方再生という言葉が盛んに言われていますが、**「再生」に成功するか否かは、「底つき体験」をしているかどうかによるそうです。** 過去に流行《はや》った中途半端な観光資源などが残っていると、まだ大丈夫、まだ何とかなると思いがちで、変わるきっかけをつかめぬまま緩やかに衰退していきます。逆に何もなくなり完全な敗北を認めると、もう変わらざるを得ないわけです。怖いとか、言っていられない。極端な話、生きるか、死ぬかです。僕が入団したときの心境が、まさにそうでした。

ただ、僕も最初は長打を捨てましたが、技術と体力がついてくるに従い、11本塁打を記録したシーズンもありました。変わることで、捨てたはずのものが転がり込んでくることもあるのです。

変わる勇気で副産物を得た山田

変わることを、目標を下方修正することと勘違いしない方がいいと思います。変わる前の自分以上になれることもあります。

その好例が二〇一五年、打率・３２９、本塁打38本、盗塁34個でトリプルスリーを達成したヤクルトの山田哲人です。もともとインコースを打つのがうまくて、スイングも速かったので、うまくいけば打率3割、ホームラン20本ぐらいは打つようになるかと思っていましたが、まさか本塁打王のタイトルを獲得するような強打者になるとは思っていませんでした。

彼はプロ入り3年目の二〇一三年、二軍で開幕を迎え、二軍打撃コーチの杉村繁さん（現・一軍打撃コーチ）に外のボールを右方向に打てるスタイルに変えてみないかという提案を受けました。当時の山田はホームランをねらって、引っ張ってばかりいたからです。

山田は最初は抵抗があったそうですが、1ヵ月近く、毎日のように杉村コーチに説得され、ようやく自分のスタイルを変える決心をしました。それから杉村コーチのマンツーマン指導が始まり、やがて右方向へも強い打球を打てるようになると、結果的に、ホームランが減るどころか、本塁打王を獲るまでに変貌を遂げたのです。これも変わる勇気を持ったことの副産物なわけです。

言葉は適切かどうかわかりませんが、山田はどちらかというと「ビビり」です。非常に臆病というか、常に、これでいいのかな、大丈夫かなと心配しているところがあります。4打数ノーヒットだと、ベンチ内で「あかんわ……」と、あからさまに落胆の表情を浮かべています。調子に乗ることがないので、あれだけ成長できたと思うのですが、山田も変わることを決めたときはそれなりの勇気を振り絞ったのだと思います。

山田が成功した要因は、単純にホームランを捨てて打率を上げるという、低いレベルの目標修正を行わなかったことだと思います。僕も一塁に走者がいるときは常に右方向を意識し、最低でも進塁打になるよう心がけていましたが、走者を進めれれば自分はアウトになってもいいとは思っていませんでした。それは最低レベルの仕事で、できればライト前にヒットを打って、一、三塁にするのがベストだと思っていました。だから最終的に2000本安打に到達できたのだと思います。

ただ、これは僕のようにチームに貢献する打撃を追求してきたタイプの宿命なのかもしれませんが、たとえば7、8点負けている展開で、終盤、打席に立つと「今日は、もうしょうがねえな」と気持ちが入らないことがありました。

松井秀喜選手が現役時代、タイトルを獲るコツは「一打席も無駄にしないこと」だと話していたことがあるそうですが、確かに、最多安打争いの常連だったチームメイトの青木宣親も、どんな展開でも最後の打席まで貪欲にヒットをねらいにいきました。それはそれでプロらしい姿だと思うのですが、僕はチームの勝利が見えなくなると、同時に自分のすべきことも見えなくなってしまうのです。

しかし守備は別でした。負けている展開だと、ファームから上がってきたばかりの若いピッチャーがマウンドに立つことがあります。そういうピッチャーにとっては結果を出さなければ、また落とされてしまいますから、どんなに大差で負けていようとも気を抜かずに真剣に守りました。

この章の最後に、野村監督がヒンズー教の教えから学んだという言葉で、僕も大好きな言葉を紹介したいと思います。

〈意識が変われば行動が変わる
行動が変われば習慣が変わる
習慣が変われば人格が変わる
人格が変われば運命が変わる〉

意識を変えるには、どんな方法でもいいので、まずは、潜在意識に届くきっかけをつくることです。

〈プロ野球で生き残るための15ヵ条〉（「野村メモ」より抜粋）

第1条　人と同じことをやっていては人並みにしかなれない
第2条　目的意識と目標意識を持つことが最も重要である
第3条　常に自信をもって挑む
第4条　「プロ意識」を持ち続ける
第5条　人真似（模倣）にどれだけ自分のαをつけ加えられるか

第6条　戦いは理をもって戦うことを原則とする
第7条　状況の変化に対し、鋭い観察力、対応力を持っていること
第8条　セールスポイントを一つ以上持っていること
第9条　自己限定人間は生き残れない
第10条　打者は相手投手に内角（球）を攻める恐怖を持たせ、投手は内角球の使い方がうまくなければならない
第11条　鋭い勘を日頃から鍛えておく
第12条　常に最悪を想定して対策を練り、備えておく
第13条　仕事が楽しい、野球が好きだ、の感覚を持て
第14条　時期時期にやるべきことを心得ている
第15条　敗戦や失敗から教訓を学ぶこと

第五章

弱者の兵法

野村克也

「軍隊野球、シンキングベースボール、情報野球」

孫子の兵法の中にある**〈敵を知り己を知れば百戦殆《あや》うからず〉**は、この世に戦いが存続する限り、基本中の基本である。相手を詳細に研究し、かつ自分たちの長所と短所を見極めれば、何度戦っても負けない。弱者の戦い方も、要はそういうことだ。その昔、予想で難しいのは、経済と、天気と、野球と言われたように、野球は意外性のスポーツである。

弱者が強者を倒す――。スポーツにおいて、これほどドラマチックなことはない。**弱者イコール敗者ではないし、強者イコール勝者でもない。弱者は弱者であることを認めることで、強者にはなれなくとも、勝者となりうる可能性を帯びる。**

それを証明したのが、ヤクルトが一九九二年、九三年と2年連続で西武とぶつかった日本シリーズである。一九八〇年代後半から九〇年代前半の西武は、投打のバランスが抜群で、V9時代の巨人と同等か、それ以上の力を持っていた。下馬評では圧倒的に西武有利と伝えられていたので、ミーティングでは野球は意外性のスポーツなんだということを力説した。まったく弱点のない打者などいない、あの王、長嶋だって弱点はあったのだ、と。王は選球眼がいいと言われていたが、高低を攻めると意外ともろかった。

私は野球界に60年間、身を置いているが、野球は大きく三つの変遷を辿った。私が入団したころは軍隊野球だ。南海時代、私の上司だった鶴岡一人監督がそうだった。「気合いだー」「根性だーっ！」しか言わない。「打てないなら、ぶつかってこい！」と。

やがてドジャース戦法など、アメリカの野球理論が輸入され、シンキングベースボールの時代になった。そして今は情報野球の真っ盛りだ。どんなスポーツでも行き着くところは情報合戦になる。今後は、手作業がコンピュータ分析になったことによるスピードと量の競争になるだろう。

弱小球団ほどスコアラーがどんな情報を持ってくるかにかかっている。今、チーム強化において優秀なスコアラー確保は必須事項だ。

データは詳細でなければ意味がない。内角が弱いという報告だけでは不十分だ。内角は弱くても、ある程度、来るとわかっていれば、さばける打者もいる。そういう打者にはヤマを張られたら打たれてしまうので、多投せずインコースを意識させる配球を考えなければならない。ヒットか凡打かも、それだけの報告では使えない。凡打は凡打でもヒット性の当たりだったかもしれないし、ヒットはヒットでもどん詰まりだったかもしれない。そこまでデリケートに分類するのが優秀なスコアラーである。相手のデータを詳細に知れば知るほど、心理的に優位に立つことができる。力や技術で劣っていても、内容はこちらの方が高度なのだという優越感を持たせることが大事なのだ。

強打者への内角攻め

交流戦がなかった時代、日本シリーズで戦うチームの情報の収集および分析は、まさに命綱だった。一九九二年の日本シリーズ開幕前、スコアラーに「清原に弱点は見つかったか？」と聞くと、「ありません」という。だから私自身で何度もビデオを見返して分析した。

強打者に対しては、ホームランを避けるために外角低めを中心に攻めるというのが一般的な作戦だ。ところが、中心打者の清原和博をずっと見ていると、ちょうど手が伸びるあたり、外がいちばん強いことがわかった。

打撃を崩すのに、もっとも効果的なのはインコースを意識させることだ。要所でインサイドを突き、「ぼちぼち内角にくるんじゃないか」と思わせるのがテクニックだ。インコースに来るかなと思うとバッターは投手側の壁を崩しやすい。体の開きが早くなり、外角のボールがさらに遠くなる。外に逃げる変化球ばかり投げていると、肩の開きが抑えられ、逆にどんどんフォームがよくなっていく。

配球の基本は、四つの「対極」の組み合わせだ。外角と内角、高めと低め、速いボールと遅いボール、ストライクとボール。この四つのうち、外角と内角の組み合わせをフル活用するのだ。

清原へのインコース攻めは、まずまず成功した。第2戦にホームランを許すなど、前半はやや打たれたが、第4戦から第7戦まではノーヒット。通算でも打率・207に抑え込んだ。結果的に3勝4敗で敗れはしたが、7戦中4戦が延長までもつれるなど、大方の予想を覆す大健闘だったと、言っていいのではないか。

「役割をこなすから、点が線になる」

戦術の基本は守りだ。弱者の兵法の基本でもある。野球は0点に抑えれば負けることは100%ない。10点取っても、11点取られれば負けるのが野球だ。だから1―0で勝てるチームをつくるという方向性さえコーチ、選手、裏方で共有できていれば、間違った努力をすることはない。

しかし、人間は楽をしたい生き物でもある。だから、つい攻撃の方へ神経がいく。4点取られてもいいから5点を取りに行くという安易な発想を持つ。それは間違っていると証明したのが、長嶋監督時代の巨人である。一時期、各球団の4番バッターばかりを集めたが、まったく機能しなかった。

野球は、あくまで集団競技だ。**1番から9番までがそれぞれの役割をこなすからこそ、点が線になる。**しかし、同じ役割の選手ばかりを集めたら、どこまでいっても点の連続で、打線としては機能しない。サッカーで言えば、フォワードが5人も6

人もいるようなものだ。みんなしてゴール前で待機していても、そこまでボールを運ぶ人がいなければ得点できないのと同じことである。

一九九二年のドラフト会議のとき、スカウトたちは星稜高校の松井秀喜を指名したいと言った。「松井を獲れば10年間、4番打者には苦労はしない」と。しかし私は三菱自動車京都の伊藤智仁《ともひと》が欲しいと言った。今のヤクルトに10年先のことを考える余裕はない、すぐにでも優勝したいのなら伊藤だと主張し、意見が通ったからこそ、その翌年、15年振りの日本シリーズ制覇を成し遂げることができたのだ。野球は7割から8割、バッテリー次第だ。それを知っていれば、チーム作りの方向性は自ずと浮かび上がる。

戦略は「桃の種」

強者とは、間違っても対等に戦ってはいけない。戦いはだまし合いだ。正攻法ばかりでもダメだし、奇襲ばかりでもダメだ。機を見て奇襲をしかけるのだ。考えようによっては弱いチームの方が、好きなことができる。

一九九三年、私は第1戦の先発に、その年、8勝の荒木大輔をあえて起用した。初戦は西武打線の各打者の体を開かせたかったので、とにかくインサイドを突いて欲しかった。そのためシュートを持ち、かつ闘争心の塊のような荒木にかけたのだ。初回、2人に死球を与え、6回4失点で降板したが、勝ち投手になった。

ビジネスの世界では、戦略は「桃の種」と表現するそうだ。**戦略は、外からは見えず、見た目は汚くても、叩いても割れないほどの信念が必要だからだ。**野球における戦略もそれと同じである。

あの登板で、こちらの覚悟は西武に伝わったと思う。

先手必勝は弱者の鉄則だ。私は南海のプレーイングマネージャー時代も含め5度、監督として日本シリーズを戦っているが、初戦で負けたことがない。うち3度は日本一になった。西武の黄金時代を築いた森監督は、初戦はデータの確認で、2戦目からが本当の日本シリーズだと常々語っていたが、後手必勝は相手の出方を見てからの戦い方なので、強者の兵法だ。

私は第1戦にすべてをかけた。最初に勝たないと、やはりダメかとチーム内にあきらめムードが漂い始めてしまうからだ。

陽動作戦も有効である。力対力で劣っているぶん、心理的な揺さぶりをかけるのだ。一九九五年の日本シリーズの相手はオリックスだった。キーマンは前年に210安打をマークし一躍スターダムにのし上がったイチローである。そのイチローに対し、私はメディアを通じ、弱点は内角高めの速球だと触れ回った。実際にはそこまで厳しく突いたわけではないが、過剰に意識させた結果だろう、フォームを崩したイチローを5試合で19打数5安打と抑え、4勝1敗で日本シリーズを制した。

短期決戦とシーズンの戦いは、別物である。私は短期決戦の方が得意だと思っている。かつてパ・リーグが前期と後期の2シーズン制に変わった頃、ロッテの金田正一監督が、打倒・阪急に燃え、まるでトーナメント方式のようにいい投手をどんどん注ぎ込んだことがある。でも、130試合も、65試合も長期であることに変わりはない。結局、ローテーションをしっかり守ったチームの方が強かった。

ただ、日本シリーズのように7試合になると、ある程度、戦力を集中できるようになる。一九五八年の日本シリーズで、西鉄が巨人に3連敗から4連勝し、逆転で日本一になったときがいい例だ。現代野球ではもはや不可能だが、稲尾和久（故人）は7

試合中6試合で投げ、「神様、仏様、稲尾様」と賞賛された。

私もそこまではいかないが一九九二年の日本シリーズで、エースの岡林洋一を第1戦、第4戦、第7戦と先発させ、西武をあと一歩のところまで追い詰めた。当時は、エースはそれが当たり前だったが、日本シリーズで3試合に先発したのは岡林が最後になっている。

宮本慎也

「強者と弱者の戦い方の違い」

経済に詳しい知り合いに聞いた話なのですが、野村監督が提唱する弱者の兵法と、ランチェスター戦略という経営哲学は、驚くほど似通っているそうです。聞きかじりで恐縮ですが、ランチェスター戦略とは、軍事目的で開発されたものを、のちにビジネス戦略として応用したものだと言います。ソフトバンクの孫正義氏も、この戦略で、ソフトバンクを世界有数の企業に育てたとか。

ランチェスター戦略は、強者がとるべき戦略と、弱者がとるべき戦略をはっきりと区別しているそうですが、確かに野村監督の話に通じています。

おそらく古今東西、今も昔も、弱者が強者にいかに戦うかというのは永遠のテーマであり、ある程度まで理論的に確立しているのだと思います。

弱者のとるべき戦い方とは、ひと言でいえば、勝てる商品や勝てる場所を厳選し、それのみを徹底的に売り続けることです。野村監督もよくおっしゃる**「選択と集中」**です。そうして勝つべくして勝つのです。多くのベンチャー企業がニッチ商品、つまり大手が相手にしないような隙間産業で商売を始めるのはそのためです。「卵かけご飯専用しょうゆ」が大ヒットしたのは典型的な例です。

野球用具メーカーのハタケヤマも、この戦略で成功しています。ハタケヤマは中小企業ですが、プロ野球界でもキャッチャーミットには定評があります。創業当初のハタケヤマは、需要が少なくコスト高になりがちなキャッチャーミットに特に力をいれて販売し、それが成功しました。

ハタケヤマのグラブは、国内産のしっとりとした牛革を使い、すべて手作りだったので製品は確かです。キャッチャーは他のポジション以上に、グラブにこだわる選手が多いです。そのため、大手メーカーとの契約金を捨ててでもハタケヤマのミットを使いたいという選手が少しずつ現れ、シェアを広げていったのです。今では野手の中にも愛用している選手がいます。

強者は堂々とトータルで戦うべきだし、弱者はターゲットをしぼって勝てる分野に集中すべきです。そういう意味では、ハタケヤマはまさに「局地戦」に持ち込み勝利したのだと言えます。

ひとつの商品でシェアを獲得すれば業績が安定するだけでなく、その評判が拡散し、他の商品にもいい影響を及ぼします。そうして少しずつ会社を成長させていけばいい。大事なのは、まずは何らかのジャンル、どこかの地域で、一位を獲得することなのです。

菊池雄星や大谷翔平を生んだ岩手県の花巻東高校の佐々木洋《ひろし》監督は就任当初、「トイレ掃除でも、あいさつでも、授業態度でも、できるところから日本一になっていけば、野球もそれに引っ張られいつか日本一になれるんだ」と言って今の強豪に育てたと聞きましたが、その発想なのです。

ランチェスター戦略では、強者は集団戦、弱者は個人戦に挑むべきだと教えているそうです。

一九九五年に行われたオリックスとの日本シリーズで、野村監督がイチローを徹底マークしたのは、その教えに当てはまるのではないでしょうか。

イチローというキーマンを封じ込め、イチローの前後の打者とのつながりを分断することで、オリックス打線は、団体戦ではなく、個人戦を強いられることになったと言えるからです。

野村メモの中の〈弱者の戦い方〉にはこうあります。

①全体と全体で戦うのではなく、相手の弱点を重点的に攻める。
②相手の得意な形にしない。
③強者の弱点を知る。全体は強く感じても部分を見ると弱いところは必ずある。
④戦力を集中させる。
⑤力以外の何かを探す（機動力、奇襲、データ、ムード、勢い）
⑥「自分にできること」ではなく「チームに役立つこと」を優先する
⑦準備野球では毎試合勝たなければならない（こうすれば勝てるという具体的攻略法、優越感を持てる材料を探しておく。果報は寝て待てとよくいうが、果報は練って待つもの）
⑧データは細かく、心理面が表れているものほど使える。

ここまで似通っていると、野村野球は、野球版ランチェスター戦略とでも呼んでいいような気がします。

81マスのストライクゾーン

野村メモの中には、敗因は大きく分けて以下の七つに集約されると書かれています。

①秩序の乱れ
②「勝てない」と思ってしまっている（どんな相手でも試合前は互角である）
③準備不足
④致命的なミス
⑤疲労
⑥圧倒的な戦力の差
⑦信頼関係の乱れ

これを日本シリーズに限定して考察すると、非常にわかりやすいと思います。

まず①と⑦は、僕がヤクルトに入団したときは、まったく問題なかったと思います。監督は選手時代の実績も申し分なく、監督としても弱小球団を日本一に導いたわけですから、言うことを聞かない人はいませんでしたし、全面的に信頼もしていました。選手とは単純なもので、勝たせてくれる監督はやはり絶対的なものです。

聞いた話ですが、野村監督の就任1年目からいた選手たちは大変な思いもしたようです。でも一九九二年、九三年と2度の日本シリーズを経験し、しかも2度目は雪辱を果たし、僕が言うのもおこがましいですが、そこでヤクルトは大きく成長したのだと思います。

②に関しては、先手必勝で策を講じていました。僕も3度、日本シリーズを経験しているのですが、一度も初戦は負けていません。やはり第1戦を取ると、心の余裕が違うと思います。

③はミーティングを徹底的にやりました。

ヤクルトはシーズンが終わるとすぐに都内にあるホテルニューオータニで合宿を張

り、毎日2時間以上、ミーティングをしていました。そこからグッと日本シリーズモードに入っていくのです。

野村監督のデータはとにかく細かくて、ストライクゾーンも通常は3×3の9マスに分け、どこが得意で、どこが不得意か分けますが、野村監督の場合は9×9で81マスに分けられていました。しかもボールゾーンにまでもマス目がついていて、ボール球の対応の仕方まで研究していました。そこまでやると打者の傾向や、捕手のリードの癖がはっきり出ます。

一九九七年、西武を4勝1敗で下した日本シリーズのときも、捕手の伊東勤さんの配球を徹底的に分析した記憶があります。ここぞというところでインコースが多いんです。日本一を決めた第5戦で、池山隆寛《たかひろ》さんが2回、ノーアウト二、三塁でインサイドのボールに対し左足を大きく引いてレフト線へ2点タイムリーを放ち、それが決勝点になりました。

守備面では、松井稼頭央《かずお》と大友進の足を止めるのが最大のテーマでした。だから第1戦はその年、15勝で勝ち頭だった田畑一也さん、13勝の吉井理人《まさと》さんを差し置いて、左の石井一久をまず先発させたんです。そして2戦目に牽制のうまい田畑さんを持ってきました。出鼻を挫《くじ》いて、走りにくくさせようとしたのです。結果的にこのときの西武は、ほとんど機動力を使えませんでした。

あの時代のミーティングを思い出すと、野村監督の、

〈過程が奇跡を生む〉

という言葉が実感をともないます。

野手はまだ楽な方だったと思います。相手の打者の特徴を全部、頭の中に叩き込まなければならなかったバッテリー、特に捕手の古田さんは大変だったようで、いつも「日本シリーズのときは、頭がおかしくなる」と言っていたほどです。

準備を徹底することのメリットとして、プレッシャーを感じなくなるということがあります。厳密には、感じている暇がないのです。というのも、例えば三塁に走者がいるケースに打席に立ち、どうしてはいけないか、どうするのがベストなのか、考えなければいけないからです。

走者の足が速ければ内野ゴロでもいいでしょうし、投手のレベルによっては外野フ

ライを打ち上げられるかもしれない。いろいろなケースが考えられる。そうして、あらゆることを考えていると「バッターボックスに立ったときに打てなかったらどうしよう」という重圧が入り込む隙間がなくなっていく。

準備には、そんな効力もあるのです。

「負けたと思わなければ勝利につながる」

④の「致命的なミス」に関しては、僕はまだ入団していませんが、九二年の日本シリーズでこんなことがありました。第7戦、1―1で迎えた7回、1アウト満塁のチャンスで、フルカウントから、杉浦享《とおる》さんの当たりは難しい一、二塁間のセカンドゴロ。セカンドの辻発彦さんは体勢を大きく崩しながら捕球し、しかも送球が高く逸れました。野村監督は三塁走者の広沢克己さんのホームインを確信したそうですがアウトになってしまいます。ライナーでゲッツーになることを怖れたため、広沢さんのスタートがやや遅れたのです。

そこで翌年のキャンプでは「ギャンブルスタート」と言って、バットがボールに当たった瞬間にスタートを切る練習を何度もしたそうです。ライナーになったらゲッツーは仕方ないという一か八かの作戦です。

九三年の日本シリーズで、まさにその練習の成果が試されるときがきました。同じく第7戦、3―2と1点リードの展開で、8回1アウト三塁。この場面で三塁走者の古田さんはギャンブルスタートのサインに対応する準備をしていたのですが、野村監督は内野が前進守備をしいていたためリスクを考え自重します。しかし古田さんは「ここでやらなければいつやるんだ」と、3ボール1ストライクからの5球目に、自分の判断でギャンブルスタートを仕掛けたのです。そして、広沢さんのショートゴロの間に生還。これがだめ押し点になりました。

このように致命的なミスが出てしまったとき、野村監督は、それを絶対に忘れませんでした。そして克服するために、しつこいぐらいに何度も練習するのです。

野村メモには、

〈負けを勝利につなげる〉

という言葉があります。そこには、

〈負けは、負けたと思った瞬間が負けであり、負けだと思わなければそれは勝利につながる〉

と補足してあります。いかにも野村監督らしい言葉です。

また、野村メモの中の〈反省とは〉にはこう書いてあります。

〈反省とは未来に向けてやるもの。過去に向かってやるから嫌になる。失敗が重なってくるということは、成功が近いということだ〉

一九九二年の日本シリーズは、敗れたとはいえ、シリーズ全体を通してまさにこれらの言葉を体現したシリーズだったと言えます。1勝3敗と追い込まれてからは、3試合連続で延長戦にもつれ、しかもいずれも1点差ゲームでした。西武が勝ってもなお「ヤクルト強し」の印象を植えつけたのではないでしょうか。この7試合があったればこそ、翌シーズンの日本一があったのだと思います。

⑤の「疲労」に関しては、こんなメモを取っています。

〈食べることで疲労が回復し、パワーがつき、スタミナが蓄えられる。食事は生命の維持ではなく、エンターテイメントにすべきである。睡眠は静かな部屋を適温にし、8時間はとる。食事と睡眠に金をかけない選手に名選手はいない〉

食事と睡眠は「プロ野球選手の仕事の一部」だと言われ続けていたので、これも問題なかったと思います。ちなみに、私は家では妻が栄養バランスを考えいろいろなものを作ってくれましたが、遠征先では肉しか食べませんでした。キャンプ中は毎日、焼き肉でも飽きることがないほどの肉好きですが、私の経験則ですと「肉食系」の選手の方が、明らかに選手寿命が長いと思います。ちなみに野村監督も大の肉好きで、今でも脂っこいステーキをペロリと平らげます。やはり元気な方は、肉食傾向が強いようです。

野村監督は現役中、相手ファンからよく「大飯食らいのノ・ム・ラ！」と野次られたそうです。「肉は前菜、鮨は食後のデザート」と豪語していたことがありますから。その大食漢ぶりがうかがえます。

⑥の「圧倒的な戦力の差」は短期決戦であれば「力の差が6対4でも勝てる」と言っていたので、これを敗因にしたことはありませんでした。

このように野村監督は敗因となりそうな要素は、あらかじめ取り除くか、取り除けるよう準備をしてから勝負に挑んでいました。

邪道に見せかけた王道

「はじめに」でも触れましたが、僕が入団してからしばらくは、常に巨人が優勝候補の筆頭でした。ヤクルトが日本一になった一九九七年も、巨人が大型補強をし、断トツの優勝候補だったシーズンです。

評論家の中でヤクルトの優勝を予想した方はほとんどいませんでした。僕はまだ入団3年目で、正直、ついていくのが精一杯。自分たちのことを強いとも弱いとも感じる余裕はありませんでしたが、やりようはあると思っていました。投手はそろっていたので、攻撃は監督に任せ、とにかくみんなで守ろう、と。余計な点をやらないためにも、最低でも打ち取った打球はきっちりアウトにしていこうとみんなが集中していました。適材適所に選手がいましたし、ミスしても野村監督が「次は取り返してこい」みたいな感じでまた使ってくれたりしたので、選手の士気も高かった。

ただ、巨人は強打者が多く、ヤクルト―巨人戦はホームランが出やすい神宮球場と東京ドームで試合をするので、バッテリーは大変だったと思います。そういう意味でも、いちばん大きかったのは古田さんの存在でしょう。

若い僕にも、相手の打者が古田さんを意識しているのはわかりました。対ピッチャーだけでなく、古田さんとも戦わなければいけないような感じでした。野村監督が「いいキャッチャーと、4番とエースがいればチームになる」とおっしゃっていましたが、それも納得できます。

野村監督は奇襲や陽動作戦のイメージが強いですが、プレーしていた僕からすると、駒の使い方はうまいなと思っていましたが、実は、そこまで策士というイメージはありません。なかなか勝てない頃、僕が入団する前の方が業師っぽい印象が強かったのではないでしょうか。

僕の感覚として**野村野球は、邪道に見せかけた王道なんです。**基本は、守って勝つ、です。勝つ確率を上げることをとことん追求した野球です。

野村監督は、臆病なまでに慎重な方ですから、**劣勢のときに起死回生をねらって奇襲を仕掛けるようなことは絶対にありませんでした。**1点勝ち越して、2点目、3点目を追加するときに、相手の虚を突くようにサインを出すのです。

相手がホッとしたり、落胆したりしている一瞬の隙を突く。ヤクルト時代は監督がホームランを打った打者をベンチの前で迎えたりするシーンを一度も見たことがありません。試合中は、常に相手の隙をうかがっているので、そんなときでも資料をめくりながら、次に起こり得る状況を想定し、その先の一手に頭をめぐらせていました。

やってきそうで、やってこない

サインを出される選手の心理面も深く理解していたのだと思います。高校野球では、負けているとき、あるいは同点のときのスクイズは、極端に成功率が低いそうです。ところが勝ち越した後のスクイズとなると成功率が跳ね上がる。だから野村監督は、これを決めたら同点になるなど、心理的負荷がかかる場面では極力、動かないようにしていたのだと思います。

「フォースボーク」という作戦があります。ランナー一、三塁のとき、一塁走者が牽制を誘い、一、二塁間で挟まれている間に三塁走者が還ってくるという作戦です。

野村メモには、〈ツーアウト一、三塁、左投手、打線が下位（ボールカウントが追い込まれている）、リードしている状況で行う作戦〉とあります。

これだけ条件が重ならなければ動かないことからも、いかに慎重かがわかると思います。**奇襲というのは失敗したとき、致命傷になりかねない。だから、そのリスクが高いときはやらないのです。**ご本人はマイナス思考と表現しますが、リーダーとして危機管理能力に長《た》けていたのです。

楽天の監督時代、ヤクルトと対戦したときに、こちらが外国人の左ピッチャーで、1点勝ち越されたあとの2アウト一、三塁、打線も下位という状況になったことがあります。１００%「フォースボーク」を仕掛けてくると思ったので、ピッチャーに身振り手振りで一塁走者が飛び出したら三塁走者に気をつけろよと伝えていたら、野村監督がベンチで笑っていました。僕が気づいているとわかったのでしょう。そのときは、さすがに仕掛けてきませんでした。

危機管理能力の高さということで言うと、こんな練習をさせられたこともあります。

ヒットエンドランのサインが出ているとき、外そうと捕手が立ち上がった瞬間に一塁走者は戻れないかというのです。何度も試した結果、さすがにそれは無理だという話になったのですが……。

例外的にオープン戦や開幕直後は、割と積極的に仕掛けていました。キャンプでもメディアがいる前で、意図的に複雑なサインプレーの練習を披露する。それは、今年のヤクルトはこんなこともやるんだぞと必要以上に意識させるねらいがありました。

他チームの方によく言われたのは**「野村監督は、何かやってくると思っても、意外と何もやってこない」ということでした。でも、そうして考えさせている時点で、われわれは優位に立つことができていたのです。**

第六章

組織

野村克也

「敵と味方、二つの戦い」

監督には二つの戦いがある。

ひとつは対敵チームだ。目的は、勝つこと。そして、もう一つは対味方チームだ。目的は、信頼を得ること。この監督についていけば大丈夫だと思わせなければならない。監督は敵とも味方とも戦わなければならない職業なのだ。だから私は監督時代、スタッフとも、選手とも、飲みに行ったりすることはなかった。

そうして絶えず気を張っているにもかかわらず、三つ目の戦いを強いられることもある。それはフロントだ。そうなると、目標達成のための作業能率はぐんと下がる。場合によってはチームが崩壊する。

二〇一五年、パ・リーグのＭＶＰはトリプルスリーを達成したソフトバンクの柳田が獲得したが、もし私に決定権があったならば、ソフトバンクのオーナーである孫正義さんに贈りたかった。60年以上、プロ野球の世界にいるが、祝勝会で選手にビールをかけてもらっているオーナーを初めて見た。信は万物のもとを成すというが、あのオーナーの下で野球ができるスタッフや選手は本当に幸せである。

お金をドンと出して、口は出さない。今のソフトバンクの強さは、孫さんの情熱と、器の大きさを見ていればわかる。組織はリーダーの力量以上には伸びないと言うが、近年のソフトバンクはまさにその言葉を体現している。

一九九〇年、私のヤクルト監督1年目は、4位で引き継ぎ、5位で終わった。すると私を招聘《しょうへい》した相馬和夫球団社長は、本社の役員連中から総スカンを食らったという。そのとき、相馬社長は「今に見ておれ」と何も言い返さず、我慢したそうだ。

2年目は3位となって11年振りのAクラス入り。そうしたら、みんな黙り始め、3年目に優勝したとき、相馬社長は「私は野村さんなら絶対に変えてくれると信じていた。ありがとう」と言って、私の手を握ってしばらく離さなかった。私を支持しない役員連中との間で確執があったという話も、優勝したとき初めて聞かされたのだ。

ヤクルト以外にも南海、阪神、楽天の3球団で監督を務めたが、この人のためにと思える球団トップの下で監督ができたのはヤクルトだけだった。

「士は己を知る者の為に死し、女は己を説《よろこ》ぶ者の為に容《かたちづく》る」――。司馬遷の『史記』の中の言葉だ。男の本懐は、きっとそんなところにある。

監督失格

1位、4位、1位、4位、1位、4位。一九九三年以降、私は九八年に監督を退くまで6年間、1位と4位を繰り返した。

あれは私の責任としか言いようがない。日本一になると、どこかでホッとしてしまうのだ。九二年のリーグ制覇のときは日本シリーズで負けたので、まだどこかに緊張感があった。次こそは日本一になってやると燃えていた。しかし九三年に日本シリーズで雪辱を果たした途端、ガクンと肩の力が抜けてしまった。もちろん選手にはそんなことは言わないが、敏感に感じ取っているものだ。

優勝翌年はキャンプのときから、まるでもぬけの殻だった。ところが負けると、チクショーとなり、キャンプから必死になる。そんな風に負けないとやる気が湧かないあたり、私がいかにヘボ監督かがわかる。

シダックスの監督をしていたときも、こんなことがあった。就任1年目、新興チームのシダックスは大躍進を遂げ、社会人野球の最高峰、都市対抗の決勝まで勝ち上がった。決勝の相手は、名門・三菱ふそう川崎である。シダックスは6回を終え、3―0とリード。試合を優位に進めていた。

そのとき、貴賓席に座っていた日本野球連盟の山本英一郎会長の顔が目に入った。それが「負けろ、負けろ」と言っているような顔に見えてしまった。去年までプロ野球の監督だった私にいきなり優勝されては、社会人野球のメンツが立たないと気が気でないのではないか、だとすれば、私が勝ってはいけないのではないかと思った。

そのマイナス思考が判断を誤らせた。7回表、準決勝からの連投になった先発の野間口貴彦（後に巨人）は明らかに疲労していた。先頭打者に四球を出した時点で、普段の私なら迷いなく代えていただろう。が、そのときは「まあ、いいか」と躊躇してしまった。すると、あっという間に同点にされ、さらに5―3とひっくり返されてしまった。

なぜ、「勝ってはいけないのでは」などとバカなことを考えたのだろう……。監督が勝つことに迷いを覚え、そのことが選手に影響しないわけがない。まったく監督失格である。

中心なき組織は機能しない

自分の怠惰な性格を省みるとき、川上哲治監督が達成した巨人のＶ９は、つくづくとてつもない記録だと感じる。今後もＶ３、Ｖ４ぐらいまではあるかもしれないが、9年連続は不滅ではないか。

監督時代、私が鑑《かがみ》にしていたのは川上さんの野球である。Ｖ９時代の捕手で、友人でもある森祇晶に頻繁に会い、川上さんの話を何度となく聞いた。巨人も伝統的にミーティングを重視する球団である。長嶋がミーティングに遅れてきたとき、川上さんは容赦なく叱りつけたらしい。遅刻した上に、手ぶらだったからだ。「ノートを取ってこい！」と言ってミーティングを一時中断し、長嶋が戻ってくるのを待っていたらしい。

南海時代、私が師事した鶴岡監督は、ミーティングなどまずしなかった。日本シリーズで巨人と対戦するときに珍しくやったと思ったら「1番の柴田（勲）は変化球が打てない。カーブを放っておけ。2番の……」という調子で、まったく参考にならないのだ。

中心なき組織は機能しないというが、V9時代の巨人はON（王、長嶋）がチームの真ん中にどっかりと腰を据えていた。これ以上の軸はない。彼らは率先して練習したそうだ。南海時代、巨人から移籍してきた相羽欣厚《よしひろ》という選手がいたのだが、彼がいつもONのことを話していた。「王さんと長嶋さんが、あんなに練習しているのに、僕らペイペイがやらないわけにはいかない」と。その言葉は、今も忘れられない。強い組織の秘密がわかった気がした。そういう流れができたら、監督がすることなどほとんどない。

組織において大事なのは言うまでもなくチームワークである。ただし、プロスポーツチームの場合は、組織の中に個人を当てはめるのではなく、まずは自分にしかない持ち味を出すべきだ。**自分の感性の扉を開いておかなければ、自己判断ができなくなる。成長とは自己判断の強化に他ならない。その上で、まとまればいい。**チームとしてはそちらの方がより高いレベルに辿りつく。

「君子は和して同ぜず、小人は同じて和せず」という言葉がある。優れた人物は他人と協力し合うが、むやみに群れない。つまらない人物ほど簡単に同調するが、真に他人と理解し合うことがないという意味だ。

日本人は「和」というと、みんなで手をつないで輪になり、互いに見つめ合う様子を想像しがちだ。だが、それでは仲良しなだけだ。**本当の意味での和とは、全員が同じ方向を見ることである。**そうすれば、エゴイスティックに個人記録に走ることもなくなる。

V9時代の巨人は、ONの視線の先を誰もが自然と追っていた。そこに日本一があったことは言うまでもないだろう。

やや個人的な話になるが、私が引退を決めたのは、チームと同じ方向を見られなくなったからだった。私が選手生活の最晩年を過ごした西武では、もうほとんど使ってもらえなくなっていたが、ある日、若い投手と組んで先発出場した。1点を追う8回、1アウト一、三塁の場面で7番の私に打順が回ってきた。意気揚々と打席へ向かうと、監督に呼び止められ、代われと言われた。

ベンチに戻っても怒りが収まらず、代打に「失敗しろ」と念じていたら、それが通じたのか、見事ゲッツーに倒れた。ざまあみやがれと思った。しかし、若手ならまだしも、チームメートに失敗しろと願っているようなベテランがベンチにいては、チームの雰囲気は悪くなるばかりだ。

私はもうこのチームにいるべきではないと悟った。

宮本慎也

「命を取られるわけではない」

ヤクルトは敵と戦う前に、ベンチの野村監督と戦わなければなりませんでした。見逃すにせよ、空振りするにせよ、その一つ一つに根拠がなければ、ベンチに戻るなり、すごい剣幕で怒られます。言われた通りにやっているだけでもだめです。時と状況に応じ、セオリーに反するプレーをすることもあります。そのときは失敗したら何倍も怒られるので、絶対に成功させなければなりません。そうです、自由には責任が伴うのです。

しかし、そんな監督の下であっても、当時のヤクルトの選手たちは、まったく萎縮していませんでした。「負けん気」と「反骨心」の塊のような選手ばかりでした。古田さんは、「命を取られるわけやないねんから」が口癖でした。そうして野村監督の重圧をはねのけるのです。冷静沈着なイメージがあるかもしれませんが、古田さんはファイターです。ある若手がフェンスを怖がってファウルボールを取り損ねたとき、直後、マウンドに集まり「なにビビっとんねん！　百年早いわ！　ぶつかってでも捕りにいかんかい！」と一喝していました。

一九九五年に近鉄から移籍してきた吉井理人さんも強烈でした。闘争心を剝き出しにするタイプで、味方のミスで点を取られようものなら、ベンチの中で大暴れ。グラブやボールを投げつけ、ベンチを蹴り上げ、飲料水用のタンクをひっくり返す。試合中、グラウンドに氷が転がっていることもありました。

ＩＤ野球という言葉の響きから、選手たちががんじがらめになっていたような印象を抱く方が多いかもしれませんが、野村監督は、大事なところさえ押さえておけば、むしろ自由にやらせてくれる監督でした。

ある監督は、先頭バッターがストレートの四球で出塁したとき、続く2番バッターに対し初球に送りバントのサインを出したんです。それで1アウト二塁。立ち上がりということもあって相手がドタバタしているのに、簡単に1アウトを与えてしまったんです。そのとき僕の目には、「俺の野球はこうだ」と監督が自分の野球観を選手に押しつけているように映ったものです。

野村監督も「俺の野球はこうだ」と言いますが、「こうだ」が指しているものは具体的な作戦ではありません。あくまで「方向性」であり「考え方」なんです。

だから同じシチュエーションが巡ってきても、時と状況に応じ、作戦は異なります。

初回、先頭打者がストレートの四球で出塁したら、野村監督ならほぼ間違いなく「待て」のサインを出されたと思います。初球は様子を見ます。荒れているわけですから、これからどうなるかわかりません。あわよくば、一気に大量点をねらえるケースです。

野村監督は頑固者ですが、思考は柔軟です。臨機応変。この四文字を身につけておかないと、野村監督に怒られ続けることになります。

ID野球は、究極の自主性野球

これは私が入団する前の話になります。一九九三年の日本シリーズ第7戦における古田さんの「ギャンブルスタート」については先ほど触れましたが、第4戦にもう一つ、見えないスーパープレーがありました。

1―0とリードして迎えた8回2アウト。塁上は一塁と二塁が埋まっていました。打席には、長打力のある鈴木健さん。セオリーであれば、長打を警戒し、外野手は深めに守備位置を取るところです。同点は仕方ないにせよ、間を抜かれ、勝ち越されることだけは避けたい場面ですから。ところが、センターの飯田哲也さんは、逆風や試合展開を加味した上で自分の判断で定位置より前に守っていたと聞いています。

鈴木さんはワンバウンドでセンター前に運び、誰もが同点を覚悟しました。ところが直後に、信じがたい光景が待っていました。飯田さんのノーバウンド返球が古田さんのミットに吸い込まれ、間一髪、ホームでタッチアウト。「俺のところに打ってこい、絶対刺してやる」と念じていたという飯田さんの執念が二塁走者だった笘篠《とましの》誠治さんの足を上回ったのです。

僕も日本一になった一九九七年、巨人戦のゲーム終盤に、チームからは「三遊間を狭く」という指示が出ていたのですが、自分の判断で二遊間を締め、センター前に抜けそうな当たりをアウトにしたことがありました。ヤクルトの投手は左の加藤博人《ひろと》で、巨人の打者は右のカステヤーノでした。

当時の内野守備コーチは水谷新太郎さんという現役時代、名ショートで鳴らした方だったのですが、ピッチャーが投球動作に入ったとき、水谷さんに気づかれないようスルリスルリと守備位置を変えていました。そのお陰でギリギリ、追いついたんです。あそこで抜かれたら、同点に追いつかれるという場面でした。データ上は確かに三遊間が多いのですが、その日の投手と打者の感じでいくと、どう考えても引っ張られそうな雰囲気ではなかったのです。

野村メモには教育の定義がこう書かれています。

〈教育とは英語で「エデュケーション（＝引き出すの意）」と言う。現代教育は逆に押し込んでいる。だから「考えること」「工夫すること」が苦手な子どもが多いのだ〉

野村監督の指導がまさにそうでした。さまざまな知識を与えられ、自分の中で引き出しが増えていくにつれ、考える力が身につき、最後は自立するようになる。ＩＤ野球は究極の自主性野球でもあるのです。

二〇一五年のラグビーワールドカップにおける日本対南アフリカの試合で日本が大

金星を挙げられたのも、最後の最後で選手たちが自立できたからではないでしょうか。試合終了間際、得点は29―32。日本代表はゴール付近で相手の反則を得ます。そこでエディー・ジョーンズ・ヘッドコーチは同点をねらいペナルティーキックの指示を出していたにもかかわらず、主将のリーチ・マイケル選手は自分の判断で逆転のトライをねらい、ボールを回すことを選択しました。

結果、ロスタイムに入ってから日本のトライが左隅に決まり、「ブライトンの奇跡」が生まれたわけです。リーチ選手が自己判断で動いたとき、スタンドでエディー・ヘッドコーチは激怒していたそうですが、選手の中にヘッドコーチをないがしろにしたとか、無視をしたという意識はなかったと思います。ヘッドコーチを超えて、思考したのです。そういう選手の能力を引き出したのは、ヘッドコーチ自身です。

土壇場で、教え子が師を超えていく。それが真の教育ではないでしょうか。

僕たちも最初から自由だったわけではありません。「野村ゼミ」の講義を受け、試験にパスした者だけが、自由を与えられたのです。

優勝チームの大型補強は当然の危機管理

野村監督の下でプレーした僕の4年間は、優勝、4位、優勝、4位でした。後になって気づいたことですが、優勝した翌年はキャンプ中、休日はゴルフをしてもいいことになっていました。対照的に、優勝を逃した翌年のキャンプはゴルフは禁止です。とてもわかりやすい性格です。

なぜ、優勝翌年は規則が緩くなるのか。野村さんは誰よりも勝負にこだわる一方で、瀕死の相手にとどめを刺せないと言いますか、非情になれない一面があります。そんな性格が表れているのだと思います。

しかし、そんな分析は今になって「そうだったんだろうな」と推量できる類《たぐい》のものであり、当時の僕は監督の心理状態を推し量る余裕など微塵《みじん》もなく、レギュラーに定着するために必死でした。

勝つと安心してしまうというのは、野村監督に限ったことではなく、人間の性《さが》なのではないでしょうか。本気で常勝軍団を作るのであれば、優勝したからこのままでいいではなく、さらに戦力をアップさせて臨まなければ連覇など到底おぼつきません。優勝した翌年は、他球団にターゲットにされ、エース級をぶつけられます。こちらは他球団の1・2倍から1・3倍の戦力を持ち、初めて対等に戦えます。連覇を目指すのならば、それ以上の戦力が必要になるでしょう。

その原理をどこよりも知っているのが、巨人だと思います。V9時代、川上監督は、他球団に獲られるくらいなら自分のところで飼い殺しにした方がいいというぐらいの勢いで補強をし続けたと言われています。特に捕手と、王さん、長嶋さんの後を打つ5番打者候補は毎年のように補強し、レギュラーたちを刺激し続けたそうです。

チームマネージメントの柱は、「人間教育」と「チーム内競争」です。川上さんの時代はこの両輪が実に上手くかみ合っていたのだと思います。

それに対し、野村監督の場合は「人間教育」を施した後は、「野村再生工場」と呼ばれたように他球団で戦力外になった選手を集め、何とかやりくりしていたというのが実状です。それも一つのやり方ですが、ランチェスター戦略で言えば、強者の戦い方ではありません。今、12球団の中で強者の戦い方を熟知し、実践しているのは、ソフトバンクだけではないでしょうか。

大型補強をする球団をメディアはたびたび槍玉に挙げますが、それは強者だからこそ可能な戦い方であり、できるのであれば、一企業としては当然の危機管理なのだと思います。

一方、できないのならできないなりにやりようはいくらでもあります。それを証明したのが野村監督だったわけです。

そういう意味では二〇一五年のヤクルトは、よく踏ん張ったと思います。「中心なき組織は機能しない」は野村監督の口癖ですが、ヤクルトにはエースと呼べる人材がいませんでした。

チームの勝ち頭は13勝の石川雅規《まさのり》でしたが、相手のエースと投げ合い、1―0で勝てるというクラスの投手ではありません。

エースとは、ひとまず、困ったときに1―0で勝てるピッチャーと定義していいと思います。シーズン中、絶対に困ったときがきます。たとえば3連戦の第1、第2戦を落としたときなどがそうです。何としてでも3連敗は阻止しなければならない。そういうとき、調子がいい悪いにかかわらず、こちらが1点さえ取ればなんとかしてくれるという先発投手がいるのといないのとでは、ぜんぜん違うわけです。

二〇一五年のヤクルトはライバルチームの不調もあって、シーズン中は何とかしのぎましたが、日本シリーズは、やはりエース不在が響きました。石川は第1戦と第5戦に先発しましたが、いずれも5回まで持ちませんでした。監督としては「エース不在」では勝負のしようがなかった、チームが機能しなかったというのが本音ではないでしょうか。

脇役の美学

チームがあって、自分がある。それは当たり前のことなのですが、プロ野球選手であるならば、プロ野球があるからヤクルトがあって、そのプロ野球があるのは、僕たちの先輩方が尽力してきた結果なのだということまで知っておかなければなりません。

僕がそろそろ潮時かなと考え始めたのは、チームの「僕があって、チームがある」という順番に居心地の悪さを感じ始めたからでした。

二〇〇六年から3年連続で3割を打ったのですが、〇九年、一〇年と2年連続で3

割を切りました。それぞれ39歳と40歳を迎えたシーズンです。

その頃から少しずつ引退を考え始めていました。ある程度、実績を残した選手になると、球団としても辞めてくれとは言いにくいものです。周囲も「まだやってるよ、あの人」という目で見るようになっていきます。チームの勝利に貢献していることが僕のプライドであり、存在意義だと思っていましたので、起用方法に気を遣われるようになったらきっぱり辞めようと思っていました。

僕がユニフォームを脱いだのは二〇一三年、43歳のときですが、2000本安打を達成した一二年に一度は辞めると伝えてありました。正直に言えば、カッとなり、その場の勢いで言った部分もあります。

あの年、僕はチームが3位争いをしている八月に故障でファームに落ちています。レギュラーがこんなことをしているようではダメだと自分を責めていたときに、編成の方が埼玉県戸田市にある二軍の練習場へやってきて、「来年以降、どうしたいの？」と聞くのです。そう聞かれるということは、もう必要とされていないのだと思い、売り言葉に買い言葉ではありませんが「辞めます」と告げました。家へ帰り、妻にも「今年で辞めるから」と告げました。

結局、衣笠剛《つよし》球団社長と、二〇一〇年途中から監督代行として指揮を執ってきた小川淳司《じゅんじ》監督に慰留され、もう一年、プレーを続けることにしました。僕は〇八年途中からサードにコンバートされていたのですが、現役続行を決めたオフにかつて同僚だったサードの岩村明憲を楽天から補強しました。シーズンが始まると、僕と岩村が併用されました。小川監督は僕が先発出場しない日は、申し訳なさそうに、その理由を言うようになりました。僕がスタメン起用に応えるだけの成績を残していないにもかかわらず、です。

その態度が、僕には我慢できませんでした。監督に不満を抱いたのではなく、そうさせている自分に腹を立てていたのです。小川監督はスカウト時代、プリンスホテルでプレーしていた僕を見出してくれた恩人でもあります。僕をプロの世界に導いてくれた小川監督に迷惑をかけているということが、許せなかったのです。

そして、オールスター前、小川淳司監督に「辞めます」と伝えました。後半戦の起用にもかかわることなので、伝えるなら早い方がいいと思ったのです。

僕は一流の脇役を目指してきた人間です。その人間が、監督にそんなに気を遣われるようになっては、本末転倒です。脇役には脇役の美学があります。

僕は監督にあまりにも丁重に扱われることに、不慣れだったのかもしれません。

プロ野球にキャプテンはいらない

メジャーの影響でしょうか、最近は日本でもユニフォームにキャプテンを表す「C」の文字を入れた選手が目立つようになりました。各チームでキャプテンを任命するようになったのは、ここ最近のことです。

しかし僕はプロ野球という組織にキャプテンという制度は、本来、馴染まないのではないかと思っています。

というのも、キャプテンというのは自分よりチームを優先させなければいけない立場です。その一方で、キャプテンであっても個人事業主であることに変わりはないわけで、自分の生活がかかっています。

ヤクルトの例でいえば、二〇一三年に二塁手の田中浩康が主将を務めました。しかしその年は序盤から打撃の不調に苦しみ、成長著しい山田にレギュラーを奪われてしまいました。

本来、悔しいはずですが、キャプテンの立場としては、それでも田中は山田を応援しなければなりません。そんなことが果たして可能なのでしょうか。**自分のライバルが活躍して喜んでいるようでは、プロ野球選手失格とも言えるわけです。**「頼むから打たないでくれ……」と思うのが人間ではないでしょうか。

ヤクルトでは二〇〇〇年、〇一年に古田さんが、〇七年、〇八年に僕がキャプテンを務めた時期があります。僕はともかく、古田さんのようにどう考えても外されることのない、絶対的な力を持った選手が主将を務めるのなら、まだわかります。しかし、田中のように、まだこれからの選手に「ゆくゆくは、こいつにチームを引っ張って欲しい」といった理由でキャプテンを背負わせるのは、酷ではないでしょうか。レギュラーを奪われたら、まったく機能しなくなってしまいます。

逆に言えば、古田さんのような選手であれば、わざわざキャプテンに任命せずとも、そういう役割をすでに担っているものです。

チームが先か、個が先か

二〇〇四年のアテネ五輪、〇八年の北京五輪と、僕は代表チームの主将を任されましたが、代表チームと所属チームは、別物だと思います。所属チームが共通の言葉を持つのが難しいのに比べ、全日本の場合は「勝つ」のひと言でまとまれます。自分の成績は二の次なので、純粋に他の選手の活躍も自分のことのように喜べます。

野球がチームスポーツである以上、選手はみなチームのために存在しています。僕も昔は全員が心の底から「チームの勝利のために」と思えるようなチームでなければ勝てないと思っていましたが、それにも少々無理があります。

一軍と二軍を行ったり来たりしている選手が「チームのために」と言っても、どこか嘘くさく聞こえるようになってきてしまいました。「いやいや、おまえはそんなこと考えんでええから、どうやったら一軍に残れるか考えんと、飯食っていかれへんで」と心の中で突っ込んでしまうのです。

チームにはいろいろな立場の人がいます。若手と、ベテラン。レギュラーと、控え選手。その立場によって考え方が違うのは当然です。

したがって、プロ野球チームは「勝利」という一つの目的で縛り上げることは難しい。しかし、結果的に同じ方向を向かせることはできます。

それを学んだのは、小川監督のマネージメント法です。小川監督は就任するなり、3番の青木宣親《のりちか》を1番に戻しました。あれだけの打力を持っている青木を1番にするのはもったいない気もしたのですが、これが的中しました。青木はこの年、キャリアハイとなる打率・358を残し、3度目の首位打者に輝いています。

我の強い青木は気分屋なところがあり、さまざまな状況に応じてバッティングを変えなければならない3番よりも、ただ、出塁することだけに専心できる1番の方が向いていたのでしょう。それは結果的にチームにも好影響をもたらしました。

その選手の考え方を変えようとするよりも、その選手の考え方に合ったポジションを与えてやる。そちらの方がスムーズだし、無駄がありません。青木も再生し、チームも浮上しました。

チームが先か、個が先か。僕は絶対に前者だと思い続けてきたのですが、最近は、後者でもやり方次第によってはチームにフィットするのだということがわかるようになってきました。

第七章

人心掌握術

野村克也

「三流は無視、二流は賞賛、一流は非難」

私は誉めることが苦手だ。照れくさいし、自分の能力が丸出しになる。この程度のことで誉めるのかと思われたくないのだ。

あとは私がプロに入ったときの監督で、20年以上の付き合いがあった鶴岡監督の影響かもしれない。私は鶴岡監督に何度も叱られたりしたが、面と向かって誉められたことは一度だけだ。

しかし今となって思うのは、怒られているうちが花だということだ。**人間は「無視、賞賛、非難」**の段階で磨かれると言う。まったく見込みがない選手は無視される。それが一番つらい。少し芽が出てきたら誉める。そして、一流になったら非難する。つまり注文をつけられるということは一流の証であり、期待されているということなのだ。

しかし、「人を見て法を説け」という言葉があるように、この法則がすべての人間に当てはまるわけではない。その典型が、阪神時代の教え子である新庄剛志《つよし》だ。彼のような世間知らずで非論理的なタイプは、叱ってはだめなのだ。せっかくの持ち味が、死んでしまう。とにかく、好きにやらせて、おだてるしかない。誉めるのは得意ではないが、彼に限ってはめちゃくちゃ誉めた。それもリーダーのテクニックである。

新庄は、ある意味、わかりやすい選手だった。ひと言で言えば、目立ちたがり屋である。やる気を出させるには、いくつかのスイッチがある。

以下に、やる気のない選手の原因として考えられるものを七つ挙げる。

①　能力の割に目標が低い

②　単調な反復を打ち破る手段を持たない

③　限界を感じ、妥協したり、自分の力を限定している

④　成功の経験が少なく、挫折感に支配されている

⑤　興味、好奇心を抱くきっかけがない

⑥　疲労

⑦　意志、自信を持てずにいる

だいたいはこのうちのどれか一つというわけではなく、いくつかの要素が混ざっている場合が多い。「やる気スイッチ」を押すには、まずは、この中でどれに当てはまるかを考えればいいわけだ。

新庄の場合は、①、④、⑤あたりが考えられた。そのため、最初に会ったとき、新庄に「九つのポジションで一番やりたいのはどこだ？」と聞いたら、予想通りの答えが返ってきた。目をキラキラ輝かせて「ピッチャーです」と。**非論理的なタイプは、やらせてみないとわからない。**だから、オープン戦で投げさせた。すると「やっぱりピッチャーは向いてません」と自ら白旗を掲げた。

しかし新庄が野球の楽しさを再認識したという意味では、この実験は、大いに意義があったと考えている。

人を遺すは上

こんな言葉がある。

「財を遺すは下、事業を遺すは中、人を遺すは上なり」

つまり、指導者たるものは、最終的に、いかに人材教育をし、何人の人を遺したかによって価値がはかられるのだ。

京セラ創業者の稲盛和夫さんの評価が高いのも、経営手腕はもちろんだが、「盛和塾」を開き多くの人材を輩出しているからだと聞く。歴史に名を残す経営者は、やはり自分や自分の会社のことだけを考えてはいないものだ。器が大きい。

その点、先ほども少し触れたが、ヤクルトの相馬和夫社長も立派な経営者だった。私がまだヤクルトの監督だったとき、生え抜きのスター選手だった若松勉が現場に戻ってきた。そして相馬社長は私にこう言われた。

「野村さん、この若松が次期監督だから、なんとか育てて欲しい」

私は若松にいつでも自分のそばにいるよう伝え、「試合中、俺がぶつぶつほざくから、そのぼやきを聞いてろ」と言った。

その教育が実ったかどうかはわからないが、若松は二〇〇一年、外野手出身の監督として日本球界で初めて日本一になった。

これは私の偏見かもしれないが、外野手出身の監督は大成しないと思っている。というのも野球のほとんどは、ダイヤモンドと呼ばれる内野グラウンドの中で行われている。外野はそこから遠く離れたところで試合時間の半分を過ごす。その間は、野球に参加していないと言ってもいい。外野手は守っているときでも、自分のバッティングのことばかり考えているものだ。その影響が指導者になったときに表れないはずがない。

若松が日本一になった後、二〇一一年、一四年と、西武の黄金時代を築いた秋山幸二がソフトバンクを率いて2度の日本一になっている。しかし、彼も若松が私の指導を受けたのと同じく、例外的な存在と言っていいだろう。秋山は西武時代、広岡達朗、森祇晶という名将の薫陶を受け、主力として実に6度、日本シリーズを制している。外野手である秋山が監督としてもあれだけの実績を残したということは、当時の西武がいかに強かったかの証明でもある。つまり、あの時代の西武は、外野手も野球を知っていたのだ。強いはずである。

私の教え子たちも、ヤクルトの真中（満）、日本ハムの栗山英樹を始め、あちらこちらで監督やコーチに就いている。コーチとして私を支えてくれた松井優典や橋上秀樹も、その後、あちらこちらの球団で活躍した。これに優る喜びはない。子守歌のように私のぼやきを聞かせていたのも無駄ではなかったようだ。

人間は可能性の動物

話はやや逸れるが、「名選手は名監督にあらず」というのには理由がある。自分ができた人間は、すぐ「プロのくせにこんなこともできないのか」という風になってしまう。指導をあきらめてしまうのだ。

できない人間というものは、やはりいるものだ。それが理解できないと、適切なアドバイスもできない。

私も南海のあとロッテに移籍し、1年間だけ、400勝投手の金田正一監督のもとでプレーしたことがあるのだが大変だった。「こんな球も打てねえのか」とか、「もっと速い球を投げられないのか」とか。打たれると、ふた言目には「ぶつけちゃえ」と。典型的な精神野球だった。

強烈な成功体験がある人は「経験論」で指導してしまう傾向が強い。自分の理論にはめ込もうとするのだ。しかし、特にバッティングは十人十色だ。同じことを教えているのに、人によって正反対のことを言っている場合もあるほど摩訶《まか》不思議なものだ。

会社でもなかなか伸びてこない社員がいたら、一にも二にも、待つことだ。そして、少し距離を置いて眺めてみるのだ。

人間は可能性の動物である。機能的に、発達するようにできている。ただし、発達には3種類のタイプがある。

① ある程度まですぐに伸びるが、やがて止まってしまう

② 平行線でもがんばり続け、急激に伸びる

③ ゆっくり上達しているため、よく見ないと気づかない

指導者は、まずは、このうちいずれのタイプであるかを見極めなければならない。名選手だった指導者は、②と③のタイプの選手を待てない傾向がある。そして、早熟タイプの①のタイプを寵愛《ちょうあい》し、失敗してしまうのだ。

名選手は名監督にあらずという定説がある中、選手時代の実績も抜群で、指導者としても優秀だったのは落合博満である。彼の性格は自信家で、プラス思考。私とまったく正反対だ。ただ、彼は人を遺すことができたのかということになると疑問符がつく。落合が名監督だったかどうかがわかるのは、これからである。

宮本慎也

「厳しいようで優しい」

僕がプロの世界に入った頃の各球団の監督は、今以上に威厳がありました。野村監督の場合は、特にそうだったのではないでしょうか。僕もとにかく怖れていました。新人は監督の近くに座らなければいけないという暗黙の了解事項があるのですが、一度、座るところがなくて真ん中あたりに座っていたら、「おい、新入り。どこに座ってるんだ」と低い声ですごまれました。そして、先輩方に「すいません、すいません」と謝って、狭い隙間にお尻をねじ込むようにして入れたのを覚えています。

ただ年々、印象が変わっていきました。**厳しいようで優しい監督なんだな、と。情に流されまい流されまい、としながら、でも最後は流されてしまう方なんです。**

野村監督はファームから上がってきた選手は、同じポジションの選手が不調でなくても、「いいと言われて上がってきたんやから」と基本的にすぐに使ってくれます。

そこでミスをしても、同じような場面でまたチャンスをくれる。もちろん、同じ失敗を何度も繰り返しているようでは話になりませんが。

こんな失敗談があります。プロ2年目のシーズン、広島球場で行われた広島戦で僕はショートを守っていて金本知憲《ともあき》さんに三盗を許し、ものすごく怒られたことがありました。「なんで『走った！』の声が出んのや！」と。左ピッチャーだったので、周りが言ってやらないと見えないわけです。

僕はどちらかというと三遊間よりに守っていたので、二塁走者はセカンドの辻発彦さんがケアしていました。だから僕の中では、正直、なぜ辻さんには何も言わず、自分だけが怒られるんだという不満がありました。

怒られたときを思い返すとだいたいそうなんですが、本能的にまずは自分を守ろうとするものです。金本さんの三盗のときも、実際は不意を突かれ、まったく声が出なかったのです。「しまった」という思いがあり、そこを突かれたからこそ、反発を覚えてしまったのだと思います。三盗はショートとセカンドの責任なので、間違いなく自分にも非はありました。

この話には、続きがあります。次の打席に入るとき、昔よくあった木製のバットケースからパッとバットを抜いたとき、間違えてガンッと壁に当ててしまったんです。そうしたら試合後、松井優典ヘッドコーチに「おまえ、あれは、わざとか」と聞かれました。野村監督は、僕がふて腐れて物に当たっていると思っていると言うのです。そんな恐ろしいこと、できるはずがありません。多少、イライラしていて不注意だったかもしれませんが、天地神明に誓って、わざとではありませんでした。

僕は一分一秒でも早く誤解を解かなければならないという思いにかられ、翌日、監督と二人になれる機会をうかがっていました。わざわざ監督室に行くのも大げさだと思ったので、試合前のシートノックが終わった瞬間をねらいました。みんなロッカーに着替えに行くので、僕だけベンチの中で監督がくるのを待っていたんです。

監督はやってくるなり、「おい、昨日のあれ、わざとか?」と聞いてきました。もちろん、「いえ、違います」と否定しました。冷や汗なのか、練習でかいた汗なのだかわかりませんが、とにかく汗だくになって弁明をしました。でも、そういうときは若手選手であっても、きちんと話を聞いてくれる監督でした。

北京五輪での失敗

野村監督もそうなのですが、名監督と呼ばれる人たちは、**平等に扱っているように見えて、実は巧みに「依怙贔屓《えこひいき》」しているように思えます。**

野村監督で言えば、阪神時代、新庄みたいな選手に対しておだてながらうまいこと操縦していた印象があります。

第1回WBCのときの王監督もそうでした。中心選手のイチローは練習を優先したいという理由で、試合前のミーティングには一度も出ませんでした。メジャーで対戦した投手のことは頭に入っているようでしたし、知らない投手に関しては後でデータだけ渡していました。王監督もそのことは了承し、全員に説明してくれたので、僕たちは何も言えません。

特別扱いと言えばそうなのですが、そうした方が、本人も、チームもうまく回ると判断したら、そこは臨機応変に対応していく。規則、規則で束ねようとしても、個性派ぞろいのプロ集団は、そう簡単に収まりません。そのあたりのさじ加減が、非常にうまいなと思った印象があります。言い方を変えれば、それが指導者の器なのではないでしょうか。

人の上に立つ場合、僕はどちらかと言うと周りから特別扱いしていると思われるような態度は取ってはいけないと思ってしまいがちです。

メダルを逃した二〇〇八年の北京五輪のときは、それで失敗してしまいました。ある選手は、ひとつのミスをきっかけに、途端に消極的になりました。チームも彼が元気なうちはうまく回っていたのですが、彼が自信を失ってからは、どうもしっくりといかなくなってしまいました。私は、「彼は勝負から逃げたのだ」と解釈しました。

大会後、その選手に逃げ道を作らせないような方法はなかったのかとずっと考えていました。それがキャプテンとして、とるべき態度だと思っていたのです。でも最近は、反対のことを考えるようになりました。むしろ、積極的に逃げ道を作ってやればよかったのではないか、と。そうすることで彼にも余裕が生まれ、また、元の積極性が出てきたのではないかと思うようになってきました。もし、あのとき、そういう考え方ができていたならば、キャプテンとして他に何かできていたかもしれません。

勝負事に、こういうときはこうやればいいというような正解はないのだと思います。人の上に立つ人間は、どんなに順調でも今はどうするのがベストか常に考え続けておかなければなりません。そうでないと、何かが起きたとき、もう間に合わなくなってしまうのです。

胸ぐらをつかむか、襟首をつかむか

リーダーと呼ばれる人たちは、一度こうと決めたら、それを貫かなければならないと思いがちです。確かに、そういう場合もあるのでしょうが、それはとても大きなリスクをはらんでもいます。変えずとも、最低限、変えられるよう常に準備をしておくのが上に立つ者の心構えだと思います。

解説の仕事で巨人戦をよく観るのですが、原さんは二〇一五年のキャンプで阿部慎之助を捕手からファーストにコンバートする際、「99%、キャッチャーには戻さない」と宣言しました。ところが開幕から約一週間で、捕手の相川亮二が故障し、急遽、阿部を捕手に戻しました。そのとき、**原さんは「残りの1%だ」と言ったのです。僕は名言だと思いました。**この決断力があるからこそ、原さんは、戦力が十分でないときも、あれだけの好成績を残せたのだと思いました。

野村監督と原さんは、あらゆる点で実に好対照です。

先ほども書きましたが、野村監督は厳しいようで優しい。原さんは優しいようで厳しい。同じようで、少し違います。

野村監督は最初に、ある程度、やっていいことといけないことを打ち出します。その範囲内ならば好きにやっていい。ここさえ押さえておけば外されることはないという安心感があります。一方、原さんの場合は、最初は好きにやらせてくれる。例えば、下位の打者が3ボールから打っても何も言いません。しかし、いつまでも結果が出なかったら、主力であっても「切られる」可能性があります。

言うことを聞かせるのに野村監督は真正面からきて胸ぐらをぐっとつかみますが、原さんは知らぬ間に背後にいて後ろから襟首をつかむ。そんなイメージの差があります。どちらも怖いですが、僕は原さんの方が怖い。原さんは現役時代の最後、なかなか出場機会に恵まれず、辛い思いをしたようです。しかしファームに落とされても愚痴ひとつこぼさず、黙々と練習していたと聞きます。その姿勢が指導者になってからの原さんの凄みにつながっているのではないでしょうか。

真中監督も監督1年目、「原さんだけは違う」としみじみ話していました。体裁を取り繕うようなところがなく、勝つためなら何でもやってくる、と。

原さんとの思い出というと、僕が引退した年、二〇一三年のオールスターで、実現はしませんでしたが、「ノーアウトでランナーが出たら、代打で送りバントをしてくれ」と言われたことがあります。さすがだと思いました。お祭り的な雰囲気に流されがちなオールスターで、代打で、しかも送りバントを指示する監督など、そういるものではありません。

監督はやはりどんな種類のものであれ、心に刃《やいば》を潜ませていなければなりません。ですから結果を残している監督は、野村監督タイプか原さんタイプのどちらかなのではないでしょうか。見た目が厳格で、実際も冷徹な人では選手の心は離れてしまいます。逆に優しそうで、ここぞというときに何も決断できない人では頼りになりません。

存在感という意味では、中日の落合さんも、人とは違うオーラを発していました。二〇一一年、中日と優勝争いをしていて、最後の最後で、10ゲーム差をひっくり返されたことがありました。あのときは落合さんの影に負けたような気がします。

落合さんは感情がまったく表情に出ないタイプの監督で、相手からすると気持ちのいいものではありません。想像するに野村監督がヤクルトの監督をしていた頃も、そうだったのではないでしょうか。こちらは何もしていないのに、向こうが勝手に野村監督を意識し過ぎて、失敗してくれる。

PL学園時代、僕もよく相手チームから「整列した時点で、こっちはもう5―0で負けとる」などと言われたものです。それぐらい相手がPLということだけで意識しているという意味です。チームも監督も、そこまできたら究極だと思います。

傷口に塩を塗り込む

二〇〇九年から僕はコーチも兼任していたのですが、他のスタッフに「試合中にあまり怒らないで欲しい」と言われたことがあります。萎縮してしまうから、と。僕としては、よかれと思ってすぐに言っていたのですが……。

野村監督は、ミスが出たとき、その場で選手を叱りました。攻撃時間が終了しても、守備につかなければならないのに、まだ怒っていたことが何度もあります。決して誉められたことではないかもしれませんが、僕はそれがありがたかったんです。すぐに言われたことは、絶対に忘れません。しかし、時間が経ってから指摘されたことは、ほとんど心に残りませんでした。おそらく、すぐに怒るということは、傷口に塩を塗り込むようなものなのでしょう。しまった……と思っているときに言われた方が痛いぶん、あとあとまで残る。今でも、「ミス」と、「絶対にしてはいけないんだ」という教えが、セットになって思い出されます。

こう書くと語弊があるかもしれませんが、入団してから数年、僕は確かに萎縮していました。監督に怒られたら嫌だなと。ところがその中で、どうやったら怒られないんだろうというネガティブな感情が変わってきて、少しずつ監督はどうして欲しいのだろうとポジティブに考えられるようになっていきました。マイナスを突き詰めると、あるときプラスに転じることがある。逆に言えば、**マイナス思考に陥ることを怖れていては、本当の意味でのプラス思考は生まれない**。僕がマイナス思考を勧めるのは、そんな経験を何度もしたからでもあります。

あらゆる生物は環境的ストレス、つまり外圧に適応しようとすることで、ここまで進化してきたと言われています。それは人間も例外ではありません。

近年、アメリカのエンジョイベースボールの影響か、「僕は誉められて伸びるタイプなんで」とか聞きますが、僕は理解に苦しみます。そういう面もありますが、人間の成長という意味では、本質からは大きく逸れている気がしてなりません。

これも野村監督の影響かもしれませんが、僕は、照れくさいというのもあって、誉めることが大の苦手です。新聞の評論でヤクルトのベテラン左腕・石川雅規を誉めたことがあるのですが、やや気恥ずかしくなり、最後は辛めの注文もつけておきました。ただ、本人には事前に電話で「最後はちょっと落としたぞ」と伝えました。

人間、誰しも嫌われたくはないので、厳しいことは言いたくありません。でも僕は勝ちたいので、勝つためにこうした方がいいと思ったら、迷わず言います。ときには強い口調になることもあります。ただ、感情論ではなく、チームにとっても、その選手にとっても、いい方向に行くために言っているのだという自信はあるので、結果、嫌われても気にしません。

僕はリーダーの資質として、求めて得られるものではないという理由からでもありますが、カリスマ性は必要ないと思っています。チームのためによかれと思ったならば、臆せずに自分の意見を言う。それだけで十分だと思います。

若い選手を叱ったとき、当時の監督が「うちはチームリーダーの宮本が言ってくれて助かる」みたいな言い方をしたことがあるのですが、それは違うのではと思いました。僕は監督を助けるために言ったわけではありません。勝ちたいから言ったのです。その役割も、内心では、本来は監督の仕事ではないかと思っていました。

第八章

一流とは

野村克也

「野球依存症」になれ

真面目一辺倒の選手は伸びない。常識に縛られ、発想が貧弱になる。「不真面目」と書くと誤解を生むので、「非真面目」になれと言いたい。少し考え方に遊びがあるくらいで丁度いいのだ。

夜の街に繰り出すのもいいだろう。ただし、「遊び人」になってはいけない。**「遊び上手な人」になりなさい**。両者の違いは、要は時間の使い方である。遊び人は、時間感覚がルーズで仕事の時間までつぶして遊んでしまう人のこと。遊び上手な人とは、仕事モードと遊びモードの時間を使い分け、かつ遊びで得たものを仕事に生かす人のことである。

しかし、若手選手が「遊び人」になってしまう気持ちもわからないでもない。遊びは楽しい。しかも若い人ほど免疫がないので溺れやすいのだ。

私がプロ野球の世界に飛び込んだ頃は、夜になると、誰も宿舎にいなかった。東京遠征であれば、みんな待っていましたとばかりに銀座や六本木に繰り出す。だが、私は腕にまったく自信がなかったことと、酒がまったく飲めないこともあり、その間、ここで差を埋めなければと必死で練習していた。

プロ野球の世界で通用する選手は、三通りいる。

「才能があって努力する選手」
「才能はそれほどないけど、すごい努力をする選手」
「才能があってぜんぜん練習をしない選手」

1番目のタイプの頂点は、長嶋とイチローだろう。天才でありながら、とことん練習もするので、とんでもない域に達した選手たちである。彼らほどの才能はなくとも、プロ野球選手のほとんどはこのタイプだ。王貞治は、長嶋やイチローほどの才能はなかったかもしれないが、努力の量で、そのレベルに辿り着いた代表例である。

王は私と食事をしていても、夜間練習の時間になると、「帰ります」と言って何の未練も残さずに退席した。その後ろ姿は、水際立っていたと言っていい。彼にとって**練習とはノルマではなく渇望なのだ。**つまり、体が、心が求めるから、振るのである。イチローも同じだと聞く。でなければ、あんなにバットを振れない。

努力を努力と意識しているうちは、一流とは言えない。努力を持続させるコツがひとつある。それは努力を習慣化させることだ。「習慣は才能より強し」である。

生活の中の実に40％までもが習慣的行動だという。つまり、脳を使っていない。心理学用語で、習慣化させることを「自動化」と表現する。自分の生活の中に習慣として組み込み、頭を通さず行動に移せるようにするわけだ。**頭を通すから、面倒くさいとか、しんどいとか、負の感情を引き起こし、練習を始めるハードルをどんどん上げてしまう。**

通算3000本安打を記録した張本勲はかつて「素振りは、俺の睡眠薬だ」と言っていたことがある。至言だ。ここまで習慣が強く働くようになれば一流だ。もはや、素振り依存症といってもいい。

アルコール依存症やギャンブル依存症になるのは簡単だ。惰性に身を任せればいい。しかし、野球で食っていく覚悟を決めたのならば、己をコントロールし、「俺は野球依存症だ」と言えるぐらいの生活サイクルを確立して欲しいものだ。

量も質も

2番目の「才能はそれほどないけど、すごい努力をする選手」は、私の教え子に最高の見本が2人いる。一九九四年のドラフト会議で2位指名した宮本と、3位指名した稲葉だ。この年、ヤクルトは4人しか指名しなかったので、その中で2人が名球会入りしたというのは、大変な当たり年だったということになる。

入団当時、私を含め、まさか二人がここまでの選手になると考えた人はいなかっただろう。稲葉は法政大学時代、リーグ通算で6本しかホームランを打っていないのだが、明治大学の3年だった息子の克則の試合を観に行ったとき、うち2本をたまたま目撃した。インコースを非常にうまく打つ選手だなという印象が残った。

スカウトの稲葉評は、上手《うま》いが長打力に欠け、一塁手としては物足りないというものだった。しかし私はたまたま2本のホームランを見たことに縁を感じ、ドラフト会議の会場で獲得を懇願した。

宮本と稲葉が大成したのは、ただ単に練習量が多かったからではない。**正しい努力を、人一倍重ねたからである。**

稲葉の最大の弱点は、守備力だった。プロ入り後、外野手にコンバートしたのだが、とにかく肩が弱かった。遠投しても80メートルに届かないのだ。プロ野球選手であれば、大抵100メートルは超える。どんなに弱くても90メートル前後は投げられるものだ。

そこで稲葉は捕ってから投げるまでの速さと、コントロールを磨いた。また、時間が許す限り打撃練習のとき守備位置につき、ボールのコースとスイングの角度で、どこにどんな打球が飛んでくるかというカンを磨いた。結果、外野手としてゴールデングラブ賞を獲得するまでになった。その頃には、稲葉のプレーを見ていても、彼がそんなに肩が弱いとはまったく感じなかった。自己を客観的に分析する力があったからこそ、強化ポイントを間違えなかったのである。

稲葉は攻守交代のとき、外野とベンチの間を全力で走った。聞けば、そうして凡打の後などは気持ちを切り替えていたようだが、フル出場すれば、年間、1000往復以上している計算になる。それが10年なら1万往復だ。どれだけ足腰が鍛えられたことか。二〇一四年、42歳の稲葉は「まだできるのに」と惜しまれながら引退した。その背景には、彼のこの姿勢があったことは言うまでもない。

また、稲葉のすごいところは日本ハムに移籍してから、さらに成長したことだ。稲葉があるとき、「真剣にやっても、楽しんでやっても、結果は一緒。だったら楽しんでやった方がいい」と話していたが、私の中の彼のイメージは「どマジ」である。彼も量をこなすうちに、どこかで「非真面目」の大切さに気づいたのではないか。

努力をするにあたり、量か質かという議論がある。私に言わせれば「量も質も」である。両方大事だ。しかし、あえて言えば「量より質」よりも「質より量」だと言いたい。**量をこなすうちに質が向上することはあっても、質を求め量が増えることはない**からだ。

二人とも最初は量から入り、次第に「量も質も」になった。

憧れ力

宮本は稲葉とは逆で、守備は抜群だが、バッティングがさっぱりだった。そして彼もやはり努力の方向性を間違えなかった。つなぎ役に徹し、右打ちを磨くことでボールを最後まで呼び込み、打つ技術を身につけ、常にチームバッティングを心がけることで野球脳を磨いた。その結果が2000本安打だった。

マラソンランナーの瀬古利彦の恩師、中村清さんは「天才は有限、努力は無限。努力に勝る才能はなし」と語った。こうした言葉は、ときにきれい事に響くが、二人の成長を見てきた私はこの言葉が真実だと信じられる。

最後に、プロで活躍できる3番目のタイプ、「才能があってぜんぜん練習をしない選手」だが、60年以上、この世界を見てきて、私はたった一人しか知らない。南海でチームメイトだった広瀬叔功《よしのり》だ。

広瀬とは20年以上もともにプレーしたのだが、彼が練習する姿を見たことがない。私が投手の癖を教えてやろうとしたときも「そんな情報はいらない」と断られた。にもかかわらず、全身バネの塊のような男で、首位打者や盗塁王など数々のタイトルを手にし、通算2157安打を記録して名球会入りした。オリックスの糸井嘉男が出てきたときも驚いたが、広瀬のスピード感は糸井以上だった。彼が長嶋や王の何分の一かでも努力をしていたら、どんな選手になっていたことか。

いずれにせよ、広瀬のような天才中の天才以外は、努力をしなければ残れないのがプロの世界だ。それを考えれば大抵の人は気付くはずである。遊んでいる暇などない、と。

最後になるが、努力には2種類ある。

〈模倣型努力〉

〈探求型努力〉

だ。前者は、要は人真似である。いわば、ロールモデルを持つのだ。誰かに憧れを抱くことは、力になりうる。まずは憧れの選手の真似から入ればいい。

私が南海に入団したころの内野は「百万ドルの内野陣」と言われていて、ショートの木塚忠助さんのグラブさばきは魔術師のように見えた。たとえれば、ギターの「速弾き」のようなものだ。本人はグラブで「捕る」のではなく、グラブに「当てる」のだと話していた。私は肩が弱かったので、捕ってから投げるまでを速くしようと、必死で木塚さんのプレーを真似したものだ。

そのように自分はこんなプレーをしたい、こういう選手になりたいと、強くイメージすることだ。そのイメージの大小が、成長する余白の大小を決める。**プロになった以上、「限界」など不要だ。その先が、プロの世界である。**そして憧れに少しずつ自己流を加えていく。それが後者の「探求型努力」だ。創造力と言い換えてもいい。

真似することとは、少しも恥ずかしいことではない。どんなに偉大な創造者も、最初は誰かをイメージするところから入ったのだ。**イマジネーションのないところに、クリエーション（創造力）は生まれない。**

宮本慎也

「休む方がストレス」

野村メモにはこうあります。

〈プロ野球選手は、18歳から26歳（一般人は20歳から30代前半）は「ガムシャラ時代」、27歳から30歳（一般人は40歳前後）は「知恵の年代」、31歳以上（一般人は50歳以上）は「人間性を問われる年代」〉

僕もまさにこのようにプロ野球生活を送ってきました。プロへ入団したばかりの頃、僕も「夜の遊び」に連れ出されたことが何度かあります。ただ、まだレギュラーになっていなかったので、先輩が僕の名前を紹介すると「ピッチャーの？」と聞かれるわけです。僕が入団したときは、まだアンダースローの宮本賢治さんがいらっしゃったので、勘違いされるのです。きれいな女性が隣に座っても、自信がないので、尻込みしてしまう。そのとき、やはりこういうところは有名になってから来るところなのだと痛感しました。

僕がプロの世界に入った頃の日本球界は、オフは休むものだという風潮がありました。僕がプロ入りした一九九五年に野茂英雄さんがドジャースに入団し、メジャーの選手はオフでもがんがん、トレーニングするという情報が入ってくるようになってから、日本人選手もオフに一生懸命練習するようになったのです。

しかし、僕が板書した野村メモにはすでにこうありました。

〈人が休んだり、遊んだりしているあいだに差を縮め、弱点の克服につとめる〉

その通りだと思いました。2年目にレギュラーをつかめなかったら終わりだと思っていたので、1年目のオフも、とことん自分を追い込んだ記憶があります。オフシーズンに入るなり、寮の室内練習場で「他のやつらは休んどけ、休んどけ」と念じながら打撃練習を繰り返していました。その時期に、汗水たらして練習しているのは僕と稲葉ぐらいでした。

ちょうどその頃、池山隆寛さんに忘年会に誘われたのですが、まだ、ウエイトのメニューが終わっていませんでした。飲んでいてもどこか落ち着かず、会の途中で「明日朝が早いので……」と嘘を言って帰ったこともありました。

「デキる男ほど、休みをきちんと取る」といった言葉もよく聞きますが、その考えは僕に馴染みませんでした。むしろ、練習を休むことの方がストレスになりました。

最初の数年は、試合が終わった後、僕と稲葉は毎日、1時間近くスイングをするのが日課でした。遠征先では部屋や駐車場が練習場になりました。しんどい日もありましたが、練習をせずにプロの生存競争から脱落する方が怖かったのだと思います。

立浪さんのストーカー

最初の頃は、文字通り、ガムシャラに練習をしていました。ただ、年々、練習に対する意識も変化してきました。どこかに遊び心を加えるようになっていったのです。

きっかけは古田敦也さんのひと言でした。

2年目のユマ・キャンプで盗塁練習をしているとき、僕は律儀にピッチャーがモーションに入ったのを確認してからスタートを切っていました。捕手も盗塁してくることがわかっているので、何度走ってもアウトになります。それを見て古田さんはこう言ったのです。

「おまえ、真面目やなあ。ホームに投げるとわかったら、別にピッチャーが投げる前に走ったって、ええんやで」

目から鱗が落ちるとは、まさにこのことでした。何気ないひと言だったのですが、僕はそのひと言でものすごく自由になれた気がしました。

これまで**約束事やルールは石に彫り込まれた修正不能なものだという感覚があったのですが、そんなものは黒板にサッと書いたものに過ぎず、いつでも消せるし、書き換えてもいいわけです。**

稲葉は日本ハムに移籍したとき、新庄剛志がスタンドに向かって手を振る姿を見て衝撃を受けたと言います。当時のセ・リーグでは、そんなことは考えられませんでした。日本ハムは、ミーティングもあっという間に終わったそうです。それでも日本一になった。そこで稲葉も遊び心の大事さに気づいたのだと話していました。

野村監督は、自分の模範となる選手を見つけなさいとよくおっしゃっていましたが、僕が最初に憧れたのはPL学園時代の一つ上の先輩である立浪和義さんです。高校時代、私生活からプレーまで、毎日、ストーカーのように立浪さんの動きを観察し続けました。

立浪さんは、たとえば爪切りを取ってくれと頼まれると、爪切りを開き、刃先を向けないよう相手に手渡していました。スコアブックを渡すときも、相手が何を確認したいかわかる場合は、そのページを開いて渡していました。

あるときは、練習を観に来ていた他校の監督さんが風呂に入るのでバスタオルを用意しておいてくれと頼まれ、立浪さんは、バスタオルだけでなく洗顔用タオルと、シャンプー、リンス、洗顔料を入れた洗面器を準備したそうです。いちおう共同のシャンプーや石けんは風呂場にあったのですが、客人に選手と同じものは使わせることはできないという配慮だったそうです。

スリッパを並べるときも、普通の人は、段を上がったギリギリのところに置きがちですが、立浪さんは、数センチ、空けて並べていました。その方が履きやすいからです。

すごい人は、普段からすごいのだと思ったものです。

プロになってから、同僚の相川亮二に「立浪さんの動き、先輩にそっくりですね」と言われたことがあるのですが、失礼にもほどがあります。僕の動きが立浪さんにそっくりなのです。

黒田は生きた教材

今、広島の菊池涼介や、ソフトバンクの今宮健太などが名内野手として、高い評価を受けています。しかし彼らは一流になれる素材だと思うのであえて書きますが、僕はまだまだ成長の余地があると思っています。

菊池は余裕でアウトになるような打球でも、捕って直ぐに投げたがる癖がありま す。いちばん覚えているのは、巨人のアンダーソンのセンターに抜けるかという当たりを横っ飛びでキャッチしたときです。すごい打球を捕ったと感心していたのですが、そのときアンダーソンは一塁までまだ半分も走ってないのに、慌てて投げて悪送球になり、二塁まで進めてしまったのです。そんなことなら、捕らずにセンター前ヒットの方が、まだいい。

動きがよくて、守備範囲の広い内野手にありがちなのですが、菊池は、待って捕っても余裕なのに前に出て行って弾《はじ》いてしまうタイプと言っていいと思います。バッターやランナーの特徴がまったく頭に入っていないし、見えてもいないのだと思います。たとえば足が速いバッターでも詰まった場合は、走り出しが遅れるので、そこでひとつ余裕が持てる。逆に泳いで打った場合は、そのまま走る動作に入れるので、遅い走者でも少しは急いだ方がいい。そういう視野が持てれば、菊池は名実ともに史上最高のセカンドになれる素材だと思います。

今宮はエラーしたとき、打球を大きく弾いてしまうことが多い。打球を捕りに行くとき、バウンドが合っているか合っていないかがわからず、全速力で捕りに行き、ボールと衝突してしまうからです。合っていないことがわかっていれば、事前に準備ができるので、体を引き気味にするなどして、捕球できなくても体の近くにボールを落とすことができるのです。

二人とも守備範囲が広く、肩も強いので、華やかに見えますが、そのぶん細部はまだ洗練されていません。

普通の人が気づかないようなところ、細かな仕草にこそ、その人の本質が表れます。どんな傾向にも例外は付き物ですが、プロで大成する選手とそうでない選手も、だいたいそこで見分けが付きます。

わかりやすい例で言えば、エラーをしたとき、グラブを見る選手はだめだと思います。それはグラブのせいにしているわけです。野村監督が、「言い訳は進歩の敵」といつもおっしゃっていたように、**言い訳っぽい仕草をする選手は伸びません。**

ヤクルトに村中恭兵という高卒11年目の左投手がいます。入団5年目に11勝を挙げ、ローテーションに定着するかなと期待していたのですが、その後、伸び悩んでいます。

彼が活躍し始めた頃、知り合いの記者に「こいつ、いいでしょう」と振ると、その記者は「だめだと思う」と言うのです。理由を聞くと、村中は、投げ終わった後、よくマウンドの土をならしたり、手を見る、と。そういう選手は、常に何かのせいにしたがっているやつなんだと言うわけです。なるほどと思い、そういう目で見るようになったら、そのとおりなんです。

昨年も、セ・リーグの某球団で期待されている若手捕手のこんなシーンを見かけました。送りバントをした後、さほどいいバントではなかったにもかかわらず、一塁走者のベテラン選手が二塁でアウトになると、一塁ベースを駆け抜けた後に「えっ？」という顔でベテラン選手の方を見たんです。おそらく、彼は自分のせいにされないよう、そういう態度を見せたのだと思います。厳しい言い方になりますが、おそらく彼はレギュラーを取るまでには至らないのではないかと見ています。

言葉でもわかります。ミスをしたときに何か注意しても、「僕はこう思ったんですけど……」と自分の非を認めない。それは意見ではなく、言い訳です。そういう選手は、伸びる可能性を自ら摘み取っていることに気づいていません。

今、現役選手の中で、もっとも手本とすべきは広島の黒田博樹だと思います。彼は決して言い訳をしない男です。打たれたら、今でも「すみません」と頭を下げるし、抑えたからといって自分を誇示することなく平然としています。

彼の振るまいは、最高の生きた教材です。プロで一流になる選手の資質が詰まっているといっていいでしょう。

生き残るために必要な「ド根性」

精神野球をことさら賛美するつもりはありませんが、やはり「ド根性」は必要です。

入団2年目の開幕直後、セカンドの選手が次々と故障したこともあり、僕がセカンドに回され、レギュラーをつかみかけたことがありました。しかし、まさにそのとき、開幕から9試合目の阪神戦で3回に山崎一玄《かずはる》投手から右手首にデッドボールを受けてしまいました。尋常ではない痛さだったのですが、ここで引っ込んだらアカンと思い、痛みで何度も気が遠くなりかけましたが試合に出続け、打席にも2度立ちました。

当時、一塁手は外国人のオマリーだったのですが、彼は非常に繊細な神経の持ち主で、僕の異変にいち早く気づき、ボール回しのとき僕には絶対、回しませんでした。ただ、ショートの池山さんは、気にせず僕にも回してきまして……(笑)。そのときは、「痛いんですけど」とは言えず、ただ堪えていました。

そうして誤魔化しながらプレーを続けていたのですが、最後は握力がなくなってしまい、交代せざるをえませんでした。検査を受けると、案の定、骨折していて、こんな大事なときにケガをするとは……と落ち込んでいました。しかし、トレーナーの方から野村監督が「折れてでも出るなんて、根性あるやないか」と言っていたと聞き、痛かったですが、ちょっと嬉しかったことを覚えています。ケガから復帰したとき、またチャンスをもらえるぞ、と。

少し話が逸れますが、どんなに献身的にプレーしても、監督が気づかなければ意味がありません。僕は19年間プレーし、うち6度、3割台をマークしました。いずれも3割1分未満とぎりぎりで3割超えしたのには理由があります。シーズンの終わりごろ、状況にもよりますが、もし、この試合でヒットが打てなかったら3割を切るというときは、監督の意向に甘え、出場を辞退していたからです。

僕は数字で評価されるタイプの選手ではないと思っていましたが、**数字にこだわることができるところは、とことんこだわってもいました。プロ野球選手は結果がすべてです。自分で自分を守るために、数字で自分をアピールするということも大事だと思います。**

2年目の死球の話に戻しますが、今だと、僕が死球を受けた時点でトレーナーがケガの状況をチェックし、無理矢理にでも止められると思います。しかし一昔前までは、「痛い」と言わなければ出続けられるし、「痛い」と言ったら即二軍落ちという二者択一の世界でした。だから若い選手の中には、こっそり病院へ行くなどして、必死でケガを隠している選手もいました。そんなに何度もチャンスをもらえるわけではないので、一度一軍に上がったら、そう簡単に落とされるわけにはいかなかったのです。

僕はこのときのケガで、故障しながらでも試合に出続けるコツのようなものをつかみました。二〇〇九年にも右手の親指を骨折したことがあります。そのときは**「自分の指じゃない」と言い聞かせました。また、「死ぬわけじゃない」と、痛みを意識の中で散らす努力をしました。**古田さんも一度、指を骨折しながら、出場し続けたことがあります。だから二〇一一年に捕手の相川が、やはり指を骨折し、戦線離脱のピンチに見舞われたときは、優勝争いをしているときでもあったので、僕は相川に試合に出続けるよう頼みました。「自分の指だと思わなければ大丈夫だから」と。

無茶苦茶と言えばそうですが、命にかかわるケガでなければ、大抵、何とかなるものです。

一流の条件

今のヤクルトで、僕が感情移入して応援できるのは石川雅規です。なぜか。投げるボールは正直、たいしたことありません。でも、すごい男なんです。自分の調子とは関係なく、行けと言われれば行くし、もうちょっと投げてくれと言われれば嫌な顔一つせずに投げる。

二〇一〇年、石川は開幕から6連敗したものの、そこから11連勝するなど巻き返して、最終的に13勝8敗まで持っていったことがあります。あれこそ石川の真骨頂です。

ある程度の実績がある投手なら、5連敗、6連敗したところで、あそこが痛い、ここが痛いと言っているところです。そうすれば連敗も、「どっか痛かったんやな」と大目に見てもらえます。でも、石川はどんなときでも逃げない。練習態度もいい。あれで速いボールを投げられたら、最高のエースです。

野村監督は〈セールスポイントを一つ以上持て〉と常々おっしゃっていましたが、**石川の最大の売りは勝負根性です。**二〇一五年も中4日で先発志願し、そこからヤクルトに勢いがつきました。周りの人間に、俺もやらなきゃと思わせられるのです。身長167センチで、かわいらしい顔をしていますが、石川には数字では測り切れない凄さがあります。

やはり一流と呼ばれる域に達した人は、表に見えない何かがあるものです。ストッパーの高津臣吾さんは、割り切りの天才でした。どんなに走者を出しても、まったく心の揺れを見せません。打順の巡り合わせや代打要員まで計算し、何人走者を出そうとも「ホームさえ踏ませなければいいのだ」と開き直っていました。

他のチームで言えば、レッドソックスの上原浩治もそうです。巨人時代の話ですが、ある試合、スクイズを仕掛けるチャンスでバントの構えをすると、頭の付近にボールを投げてきたのです。何とかファウルにして事なきを得ましたが、あわやというボールでした。日本代表で一緒にプレーをしたこともある仲なので、しばらく後になって冗談交じりにそのときのことを責めると、しれっとこう言ったのです。

「フォークボールだったんで、(当たっても) 大丈夫ですよ」

この図太さは、やはりたいしたものです。

松坂大輔にも同じ臭いを感じたことがあります。アテネ五輪でともに戦った翌年でした。交流戦で、左腕にデッドボールを受けました。やはり元チームメイトですから、普通なら内角を突きづらくなるものなのですが、そんなことで遠慮するようなタイプではありません。しかも、マウンドでも何でもないような表情をしていました。さすがと言わざるをえません。

人は見かけによらないということで言えば、元チームメイトで、石川とは対照的に剛球左腕だった石井一久もそうでした。一見、ボーッとしていて、何を考えているのかわからないようなところがあるのですが、とても頭がいい。

一久は僕が入団した頃からローテーションに定着したのですが、「宮本さん、プロは速いだけではだめです。変化球がないと」といつも言っていました。やはり、彼なりに考えていたのです。それから「徐々に勝ち星を増やしていかないと給料は上がらない」みたいな話をしていたこともあります。なかなかしっかり者でもありました。

今、一久はスポーツニッポンの評論を担当しているのですが、読むととてもいいことが書いてあるので、僕も参考にしています。

そして、彼が何よりすごいのは、あの野村監督を騙していたことでしょうか。ヤクルトでは高卒ルーキーは、原則4年間、寮生活を送らなければなりません。しかし一久はその4年を過ぎても、野村監督に信用されていなかったので、退寮させてもらえなかったんです。

野村監督に一久がいかに考えているかを話したら「バカを演じてるのか？　騙されたな」と笑っていました。ある意味で、いちばんの大物だったかもしれません。

贈る言葉

野村克也

宮本には二つほど、謝らなければならないことがある。

一つは、入団会見のとき、新入団選手4人がいずれも長男で、つい「長男は大成しない」と口を滑らせてしまったことだ。しかも、4人のうち宮本と、稲葉と、2人も名球会入りを果たした。汗顔の至りとは、このことである。

私は日頃から「先入観は悪、固定観念は罪」と言いながら、実際は、固定観念に凝り固まっているところがある。しかし、宮本も、稲葉も、その固定観念を見事に打ち砕いてくれた。感謝している。

もう一つ、済まないと思っているのは、私に似てしまったことだ。宮本も思ったことをはっきりと口にするタイプで、処世術を持ち合わせていない。世渡りが下手なのだ。不幸なことに、私とそっくりだ。

宮本が普通の人の何分の一かでも処世術を持ち合わせていれば、もうとっくに監督としてユニフォームを着ているはずだ。私に力があれば、監督をやらせているのだが、生憎《あいにく》、今の私にそんな力はない。

ただ、宮本には「見ている人は見ているぞ」と言いたい。私もそうだった。現役を引退したとき、私は日本一の解説者になろうと思った。そして「野村スコープ」を開発するなど、自分にしかできない解説方法を確立した。そうしたら、ヤクルトの相馬社長が突然、家にやってきてこう言ったのだ。

「野村さんのテレビでの解説を聞き、野村さんの新聞の記事を読み、『ああ、これが本物の野球なのだ』と感心していました。うちのバカどもに本物の野球を教えてやって欲しい」

親心だろうが「バカども」と言ったのである。そこまで言われ、私は何とかしてこの人を喜ばせたいと意気に感じたものだ。

人とは何か。「ノ」一字だけでは「人」にはならない。支えになる物があって、初めて「人」になる。いい字だと思う。この年になるとつくづく実感するが、人は、誰かに支えられて生きているのだ。

宮本にも、今のままいい仕事をしていれば、きっと支えてくれる人が現れると信じている。

最後にひとつ、老婆心ながら言っておきたいことがある。いわゆる「贈る言葉」だ。

監督になったとしても、それで終わりではない。監督も成長しなければ、チームは伸びない。野球選手は、あまりにも無知無学だ。学ぶには、本を読むか、人に会って話を聞くしかない。私も監督時代、草柳大蔵さんや安岡正篤《まさひろ》さんなどの本を繰り返し読んだ。読むたびに新しい発見があった。生涯野球、生涯学問である。

宮本よ、最近の野球を見ていると、私は腹が立って仕方ない。これが果たして、プロの試合と言えるのか。取り上げることがないと、評論にも困るのだ。

これぞ野球だというような、本物の野球が見てみたい。

80歳になり、痛感していることがある。人間は夢が持てなくなったら終わりだということだ。今の私には、もう何もない。毎日、テレビを観て過ごし、せめておいしい物を食べ、静かにお迎えがくるのを待っている。

ただ、ひとつ、ささやかな夢があるとすれば、宮本と、稲葉が監督として、対戦するところを見てみたい。二人がどんな野球をするのか。

実現するかなあ、生きている間に……。

早くしないと、あの世へ逝っちゃうよ。

リビングルームのテレビの前より

文庫版　特別収録インタビュー

宮本慎也

構成　ノンフィクションライター　中村 計

（二〇二〇年三月五日、於：講談社）

――野村監督が二〇二〇年二月十一日、お亡くなりになりました。最後にお会いしたのはいつだったのでしょうか。

宮本　前年の十一月の終わりぐらいだったと思います。その頃は、車いすに乗っていましたね。冗談っぽく「こんなんやから、もうじきや」っておっしゃったので、僕も冗談っぽく受け流したのですが……。

――亡くなったことは、どのように知ったのですか。

宮本　朝8時くらいに知り合いの記者から電話があったんです。取材でヤクルトのキャンプ地（沖縄県浦添市）へ車で向かっているところでした。その段階では、野村監督が亡くなったらしい、ということだったのですが、8時半か9時くらいにまた電話があって、間違いないとのことでした。

──その瞬間は。

宮本　一月に会っておきたかったな……という。

──そうなんですよね。じつは、この本の巻末は、本来、野村監督と宮本さんの対談で締めくくられるはずでした。それで一月末、宮本さんがキャンプ取材に行かれる前に対談が行われる予定だったのですが、事情があって流れてしまい、三月に改めて日程を組み直しましょうということになっていたんですよね。野村さんのお顔はご覧になったのですか。

宮本　次の日、東京のご自宅にうかがいました。亡くなられた日はヤクルトキャンプの取材初日だったのですが、テレビ局やスポーツ新聞の方には「1日つぶれちゃいますけど、後日、ちゃんとカバーしますので」とお願いして、翌朝10時ぐらいの飛行機に乗りました。教え子はほとんど来ていましたね。広澤（克実）さん、飯田（哲也）さん、新井（潔）さん、真中（満）、石井（一久）……球団関係者の方々もだいたい来ていました。古田（敦也）さんは亡くなった日の夜に駆け付けたと聞きました。

――苦しまれずに亡くなったのですよね。

宮本　お風呂場の中で発見されたのですが、水は一滴も飲んでなかったそうです。溺れたとかではないので、苦しまずに旅立たれたと思います。

――どんな表情でしたか。

宮本　優しい顔をしていましたね。ただ、顔を見た瞬間、堪え切れず、感情が溢れ出てしまいました。本当に死んじゃったんだな、と。ふとんの上に寝かされていたのですが、（息子の）克則がふとんをめくってくれて「ヤクルトのユニフォームを着せました」って。

――白地に赤いストライプが入ったタイプですか。

宮本　そうですね。そんとき、ずっと右腕に触れていました。手をそえるようにして。冷たかったですね。本来は手を握るものなのかもしれませんが、なんか、それはできなくて。理由はわからないんですけど。ずっと監督の右側にいました。どれくらいいたのかな……。でも、あんまり長くいても迷惑やなって、ふと我に返って。そんな考えにならんかったら、ずっといたかもしれませんね。

――享年84歳ですから、大往生といえば大往生です。

宮本　はい。ただ、久々に気持ちがドンと落ちましたね。しばらくは、ふとんに入ってもつい考えちゃって。野村監督の死をなかなか消化できませんでした。

――こみ上げてきたのは、お顔を見たときだけでしたか。

宮本　野村監督のご自宅を去ろうとしたとき、克則と奥さんが「最後まで宮本さんの心配をしていましたよ」って。「なんで、あいつが辞めるんや」って克則に言ってたみたいで。そんときも、もうダメでしたね……。

――二〇一九年オフ、2年間務めたヤクルトのヘッドコーチを自らお辞めになりました。そのときは報告されたのですか。

宮本　電話でしたけど。やっぱり「なんでおまえが辞めるんや」と言われましたね。1年目に2位になって、2年目に最下位ですから。1年目ならまだしも、2年目の最下位は許されない。責任を取らないわけにはいきませんでした。ヘッドコーチという立場は、そういうものだと思っていたので。

――2年目は許されないというのは？

宮本　チームが成長してないということですから。単純にそれだけです。

――ヘッドコーチの経験を経て、改めて「指導者とは」ということに思いを巡らせたかとも思うのですが。

宮本　難しい。この一言に尽きます。野村監督はよく「今の若い子は……」という言葉は絶対に使っちゃダメだと言っていました。時代が変われば選手が変わるのも当然で、そこに合わせていくのが指導者たるものの姿だ、と。でも、つい言いたくなってしまうんですよ。ただ、この10年の変化は、その前の10年とかとはまったく種類が違うと思いますよ。こういうご時世ですからね、今の選手たちは怒られた経験がほとんどないんですよ。

――そうすると。

宮本　指導者をなめます。平気で不貞腐《ふてくさ》れる。ほんの少しアドバイスをしただけで、おもしろくなさそうな顔をする。

――プロは自分を強く持っていなきゃいけないみたいな言い方もされますが、それとはニュアンスが違うのですか。

宮本　結果が出てない自分って何なんですかって話なんですよ。たとえば、山田（哲人）に何か教えて反発されるのならわかりますよ。でも何の結果も出してない選手がそういう態度なわけですから。野村監督が今の時代、監督をやっていたら、どういう方法で指揮をとっていたのか。そこは見てみたかった。野村さんは弱小だったヤクルトを優勝させるまでに3年かかった。でも、今だったら5年はかかるんじゃないかな。そんなことないのかな。阪神の監督時代、新庄（剛志）の扱い方とかを見て驚いたんですよね。完全な特別扱い。新庄だけは怒らなかった。ヤクルト時代の野村監督に対する印象はみんな同じじゃないかな。怖いイメージしかなかった。

――野村監督の教え子でも、ヤクルトの選手、阪神の選手、楽天の選手と、監督に対する印象はぜんぜん違いますよね。

宮本　ヤクルト時代は誰かがホームランを打っても絶対、ベンチ前に出てきたりしませんでした。サヨナラゲームのときぐらいだったと思います、前に出てきたのは。僕も監督がヤクルトにいたころは握手した記憶なんてないですもん。だから、亡くなったときも、おいそれと監督の手に触れるわけにはいかないと思ったんじゃないかな。

――選手の適性を見抜いた上で指導されていたわけですね。

宮本　いや、でも、全部が全部、計算ずくだったとも思えないんですよね。むしろ、自分の感情にすごく素直だったような気もするんです。ヤクルト時代は、少なくとも、こいつは委縮するから怒らないとか、そんなのなかったと思います。叱らないといけないときは誰であろうと叱る。だから強かったんだと思います。今の選手は強く言ったら委縮しますよ。そういう選手に対して、どう接したのかな。

――この本の中でも「三流は無視、二流は賞賛、一流は非難」と語っていましたが実際、やるとなると難しいのでしょうか。

宮本　今の選手は無視なんかしたらいじけちゃいますよ。非難したら「なんや？」となる。なので、賞賛、賞賛、賞賛しかない。ヤクルトの選手たちが野村監督の本を読んで、いつか、あのとき宮本コーチに怒られたのはこういう意味だったのかって思ってくれればいいんですけどね。

――でも、宮本さんがヘッドコーチに就任された1年目の二〇一八年は四月、ヤクルトの選手のグラウンドでの動きがぜんぜん違って見えました。こんなに変わるものなのか、と。

宮本　新体制1年目は変わりやすいんですよ。これまで日の目を見なかった選手が使われるかもしれないので、選手のモチベーションは上がる。ベテランも最初は気を使ってもらえる。なので、雰囲気がいい。でも2年目には慣れちゃいましたね。1年目の2位は正直、周りのチームがこけたから転がりこんできたようなものなんです。それを選手も、ファンも、フロントも実力と勘違いした。まずい、まずいと思っていたのは監督とコーチ陣だけです。2年目のキャンプ初日、それが怖かったので、選手には言ったんです。去年みたいな緊張感を持ってやろうな、と。でも、1週間目ぐらいで、怒鳴り散らしましたよ。紅白戦だったかな、選手たちの中に、去年のように何とかしようという意識が見られなかった。はっきりいって、その時点で、もう遅いんです。

——2年目はキャンプのときから予兆があったわけですね。

宮本　1年目のときのようなキャンプを2、3年は続けないと根本は変わらないと思います。ただ僕も、全体練習は厳しいけど短めにして、あとは自分たちでやれとか、変化はつけた方がよかったなと反省しています。

——そこへ行くと、野村監督はチームに緊張感を持たせるの、うまかったんでしょうね。

宮本　両極端でしたよ。僕は野村監督がいた4年間、「優勝、4位、優勝、4位」だったんです。この本でも書きましたが、優勝すると、翌年のキャンプは、休日にゴルフをしてもいいんです。でも、優勝を逃すでしょう。そうすると、次の年のキャンプはゴルフが禁止になる（笑）。

――難しいでしょうが、宮本さんの中で、野村監督の教えでもっとも生きたことは何だったのでしょうか。

宮本　この本でも触れましたが、4年目の終盤、もう監督が今季限りで辞任すると発表したあと、東京ドームで桑田（真澄）さんからホームランを打ったんです。そうしたらベンチで「おい」って呼ばれたから、最後だから誉めてくれるのかなと思ったら、一言、「勘違いするなよ」と（笑）。おまえはそっちの選手じゃないぞ、これからも今まで教えた通りにやれよ、という意味だったのでしょうね。あの言葉があったから今の自分があるんだと思っています。

――厳しいですが、愛のある、最高の「贈る言葉」ですね。

宮本　ただね、もちろんですが、正しいことばかり言われていたわけでもないんです。ある投手の狙いを教えてもらって、その通りにいって打てなかったとしますよね。そうすると「おまえはヘボだから、おれの言った攻略法は当てはまらないんだよ」と言われたり。古田さんも、打たれたとき「なんであそこでカーブを投げさせないんだ！」と怒られて、「カーブです」って答えたら、「おまえは誰に向かって口きいてるんだ！」って激怒されたことがあったそうです。曲がりが甘かったけど、実際は、カーブだったそうなんです。でも古田さんはそれから何を言われても黙っているようになったそうです。

――間違ったことを言われても、ということですね。

宮本　はい。僕だって、じゃあ、ヘボバッター用の狙い球を教えてくれよ、って思うじゃないですか。でも、そう思う選手はそこまでの選手ですよ。そこから、じゃあ自分で考えるしかない、って気づけた選手だけが生き残るんです。

――指導者は「気づかせ屋」でなければいけないと言われますが、野村監督に気づかされたといえばそうなわけですね。

宮本　野村監督が、そこまでねらって言っていたのかどうかはわからないんですけど。でも技術も考え方も最後は自分なんですよ。今までの話と矛盾するようですが、そこを指導者が教えることなんてできないと思います。ヒントを与えることはできても。野村野球は準備野球であり、究極の自主性野球ですから。自分で考えないといけない。野村監督は実際は、そのアシストをしてくれていただけなんだと思います。

——野村監督を失って、何か新たな感情が芽生えるようなことはありましたか。

宮本　亡くなったあと、いろんな番組が放送されたり、いろんな本が出たりしたじゃないですか。そういうのを見ている中で、本当に勉強家だったんだなと。改めて自分ももっと勉強したいという意欲が湧いてきました。ある方が歴史を知ることで未来が見えてくると話していたので、最近は、ユーチューブで世界史や日本史の勉強をしているんです。小名木善行《おなぎぜんこう》さんという方の日本史のチャンネルが本当におもしろくて。

——この本でも、野村監督は「生涯学問」だと語っていますもんね。

宮本　阪神の監督になる直前を密着した番組を観たときも、ハワイで約2週間、ずっと部屋にこもりっぱなしだったんです。本を読んでミーティングの題材を考えていたんです。普通、ハワイなんて言ったら羽を伸ばしたくなりそうなもんじゃないですか。海がきれいで、気候もよくて。

——野村監督にとっては最高の書斎だったのでしょうね。

宮本　監督をやるなら、ここまでやらんとあかんのでしょうね。ヘッドコーチという立場でも、もっと自分を追い込んでやれたのではないかと思ってしまいました。こうだと思ったことに関しては、もっと強引に押し通してもよかったのかな、とか。でも、それもこれも現場に立たなきゃわからなかったことですから。その反省を次、ユニフォームを着たとき、どう生かせるかですね。

——野村さんからいただいた思い出の品とかはありますか。

宮本　ヤクルトの監督を辞めるとき、僕のバットにサインしてもらったんです。そうしたら、「おまえにはこの言葉をやる」といって「憤之一字」（ふんのいちじ）と書いてくださいました。儒学者である佐藤一斎《いっさい》の『言志四録《げんししろく》』という書物の中にある言葉で、正確には、学問などを究めるためには発憤することが大事であるといった意味のようです。でも僕は最初、「憤慨」という字を連想して、なにくそって気持ちでやれと言ってるのかなと思っていて。

——そう解釈しても、近からず遠からずなのではないでしょうか。

宮本　あと、ジャンパーをもらったことがありましたね。アイスバーグっていうイタリアの高級ブランドの。10万円以上はするんじゃないかな。ヴェルサーチ系というか、けっこう派手なんです。ある日、突然、監督室に呼ばれて「なんかしでかしたかな」と思ったら、「これ、おまえに合うやろ。やるよ」って。内心、着れねえよ……って思いつつ、「ありがとうございます！」って。実際、一回も着てないんですけど、大事にとってあります。

――それにしても、対談が実現していたら……と思ってしまいますね。

宮本　亡くなったと思うと、もっとあれもこれも聞いておけばよかったなと思ってしまいますね。監督なら、こういうとき、どうしてましたか？　って。あとは、ずっと「監督をはよせい」と言ってくれていたので、監督としてグラウンドに立つ姿をみせられなかったのは残念というか、申し訳なかったです。

――次、ユニフォームを着るときは監督ですよね。

宮本　やりたいと言ってできるものではないので、そこはなんとも言えませんが、着るとしたら、そうありたいですね。同じ責任をとって辞めるのなら、監督として、一度、自分の好きなようにやってみたい。

――そのときは『野村ノート』ならぬ『宮本ノート』をつくりますか。

宮本　ミーティングはすると思いますよ。野村監督みたいに20日間もやらないと思いますけど。座学は今、流行《はや》りませんが、おれはこういう野球やりたいんだとはっきり伝えたい。日本野球の中で戦術と呼ばれているものの源流は二つあって、一つはV9時代に巨人が輸入したドジャース戦法で、もう一つは野村野球だと思うんです。クイック（投法）とか、投手の分業制とか。ギャンブルスタートなんて、今、小学生でも当たり前のようにやっていますから。

――高校生とかも、外角低めのストレートのことを、当たり前のように「原点」って言いますよね。

宮本　ただ、心がついてきてないと思うんです。最後の方、野村監督は「とは理論」というのをしきりに言っていました。野球とは何なのか。人とは何なのか。心の部分は、僕らが未来につないでいかなければならないと思っているんです。そこは何度言っても伝わらなかったら、書かせようと思います。『宮本ノート』はちょっと大げさですけど（笑）。

企画協力　株式会社　Ａｔｈｌｅｔｅ　Ｓｏｌｕｔｉｏｎ
株式会社　トリプルエス

本書は二〇一六年四月、小社より刊行されました。
文庫化にあたり、一部を加筆・修正しました。

|著者|野村克也　1935年、京都府生まれ。南海ホークス（現・福岡ソフトバンクホークス）に入団後、65年に戦後初の三冠王に輝く。70年から選手兼任監督。80年に45歳で現役を引退。MVP５回、首位打者１回、本塁打王９回などタイトルを多数獲得。89年に野球殿堂入り。90年にヤクルトスワローズの監督に就任し、４度のリーグ優勝、３度の日本一に導く。阪神タイガース、東北楽天ゴールデンイーグルスの監督などを歴任。2020年２月11日、逝去。

|著者|宮本慎也　1970年、大阪府生まれ。高校野球の名門・PL学園から同志社大、プリンスホテルを経て、95年、ヤクルトスワローズに入団。2004年のアテネ五輪、08年の北京五輪では日本代表の主将を務める。12年に2000本安打と400犠打を達成し、13年に42歳で現役を引退。ベストナイン１回、ゴールデングラブ賞10回。野村克也監督には入団から４年、指導を受けた。18〜19年シーズンは東京ヤクルトスワローズのヘッドコーチを務める。

師弟《してい》
野村克也《のむらかつや》｜宮本慎也《みやもとしんや》

講談社文庫
定価はカバーに
表示してあります

2020年10月15日第１刷発行

発行者──渡瀬昌彦
発行所──株式会社　講談社
東京都文京区音羽2-12-21　〒112-8001
電話　出版（03）5395-3510
　　　販売（03）5395-5817
　　　業務（03）5395-3615

Printed in Japan

デザイン─菊地信義
本文データ制作─講談社デジタル製作
印刷───株式会社廣済堂
製本───株式会社国宝社

ISBN978-4-06-520398-9

講談社文庫刊行の辞

二十一世紀の到来を目睫に望みながら、われわれはいま、人類史上かつて例を見ない巨大な転換期をむかえようとしている。

世界も、日本も、激動の予兆に対する期待とおののきを内に蔵して、未知の時代に歩み入ろうとしている。このときにあたり、創業の人野間清治の「ナショナル・エデュケイター」への志を現代に甦らせようと意図して、われわれはここに古今の文芸作品はいうまでもなく、ひろく人文・社会・自然の諸科学から東西の名著を網羅する、新しい綜合文庫の発刊を決意した。

激動の転換期はまた断絶の時代である。われわれは戦後二十五年間の出版文化のありかたへの深い反省をこめて、この断絶の時代にあえて人間的な持続を求めようとする。いたずらに浮薄な商業主義のあだ花を追い求めることなく、長期にわたって良書に生命をあたえようとつとめるところにしか、今後の出版文化の真の繁栄はあり得ないと信じるからである。

同時にわれわれはこの綜合文庫の刊行を通じて、人文・社会・自然の諸科学が、結局人間の学にほかならないことを立証しようと願っている。かつて知識とは、「汝自身を知る」ことにつきていた。現代社会の瑣末な情報の氾濫のなかから、力強い知識の源泉を掘り起し、技術文明のただなかに、生きた人間の姿を復活させること。それこそわれわれの切なる希求である。

われわれは権威に盲従せず、俗流に媚びることなく、渾然一体となって日本の「草の根」をかたちづくる若く新しい世代の人々に、心をこめてこの新しい綜合文庫をおくり届けたい。それは知識の泉であるとともに感受性のふるさとであり、もっとも有機的に組織され、社会に開かれた万人のための大学をめざしている。大方の支援と協力を衷心より切望してやまない。

一九七一年七月

野間省一

講談社文芸文庫

田岡嶺雲

数奇伝

解説・年譜・著書目録＝西田　勝

著作のほとんどが発禁となったことで知られる叛骨の思想家が死を前にして語る生い立ちは、まさに「数奇」の一語。生誕一五〇年に送る近代日本人の自叙伝中の白眉。

たＡＭ１
978-4-06-521452-7

中村武羅夫

現代文士廿八人

解説＝齋藤秀昭

かつて文士にアポなし突撃訪問を敢行した若者がいた。好悪まる出しの人物評は大人気。花袋、独歩、漱石、藤村……。作家の素顔をいまに伝える探訪記の傑作。

なＵ１
978-4-06-511864-1

芥川龍之介 藪の中
有吉佐和子 新装版 和宮様御留
阿刀田 高 ナポレオン狂
阿刀田 高 新装版 ブラック・ジョーク大全
相沢忠洋 「岩宿」の発見〈幻の旧石器を求めて〉
鮎川哲也 りら荘事件
赤川次郎 偶像崇拝殺人事件
赤川次郎 人間消失殺人事件
赤川次郎 三姉妹探偵団
赤川次郎 三姉妹探偵団2〈キャンパス篇〉
赤川次郎 三姉妹探偵団3〈珠美・初恋篇〉
赤川次郎 三姉妹探偵団4〈怪奇篇〉
赤川次郎 三姉妹探偵団5〈復讐篇〉
赤川次郎 三姉妹探偵団6〈危機一髪篇〉
赤川次郎 三姉妹探偵団7〈駈け落ち篇〉
赤川次郎 三姉妹探偵団8〈人質篇〉
赤川次郎 三姉妹探偵団9〈青ひげ篇〉
赤川次郎 三姉妹探偵団10〈父恋し篇〉
赤川次郎 死が小径をやってくる〈三姉妹探偵団11〉
赤川次郎 死神のお気に入り〈三姉妹探偵団12〉
赤川次郎 次女と野獣〈三姉妹探偵団13〉
赤川次郎 心地よい悪夢〈三姉妹探偵団14〉
赤川次郎 ふるえて眠れ、三姉妹〈三姉妹探偵団15〉
赤川次郎 三姉妹、呪いの道行〈三姉妹探偵団16〉
赤川次郎 三姉妹、初めてのおつかい〈三姉妹探偵団17〉
赤川次郎 恋の花咲く三姉妹〈三姉妹探偵団18〉
赤川次郎 月もおぼろに三姉妹〈三姉妹探偵団19〉
赤川次郎 三姉妹、ふしぎな旅日記〈三姉妹探偵団20〉
赤川次郎 三姉妹、清く貧しく美しく〈三姉妹探偵団21〉
赤川次郎 三姉妹と忘れじの面影〈三姉妹探偵団22〉
赤川次郎 三姉妹、舞踏会への招待〈三姉妹探偵団23〉
赤川次郎 三人姉妹殺人事件〈三姉妹探偵団24〉
赤川次郎 三姉妹、さびしい入江の歌〈三姉妹探偵団25〉
赤川次郎 静かな町の夕暮に
泡坂妻夫 花火と銃声
新井素子 グリーン・レクイエム
安能 務 訳 封神演義 全三冊
安西水丸 東京美女散歩
トルーマン・カポーティ 安西水丸 訳 真夏の航海
綾辻行人 緋色の囁き
綾辻行人 暗闇の囁き
綾辻行人 黄昏の囁き
綾辻行人 殺人方程式〈切断された死体の問題〉
綾辻行人 鳴風荘事件 殺人方程式II
綾辻行人 十角館の殺人〈新装改訂版〉
綾辻行人 水車館の殺人〈新装改訂版〉
綾辻行人 迷路館の殺人〈新装改訂版〉
綾辻行人 人形館の殺人〈新装改訂版〉
綾辻行人 時計館の殺人〈新装改訂版〉
綾辻行人 黒猫館の殺人〈新装改訂版〉
綾辻行人 暗黒館の殺人 全四冊
綾辻行人 びっくり館の殺人
綾辻行人 奇面館の殺人(上)(下)
綾辻行人 どんどん橋、落ちた〈新装改訂版〉
綾辻行人ほか 7人の名探偵
我孫子武丸 探偵映画
我孫子武丸 新装版 8の殺人

2020年9月15日現在